NONFICTION
論創ノンフィクション
032

日本の脱獄王

白鳥由栄の生涯

斎藤充功

論創社

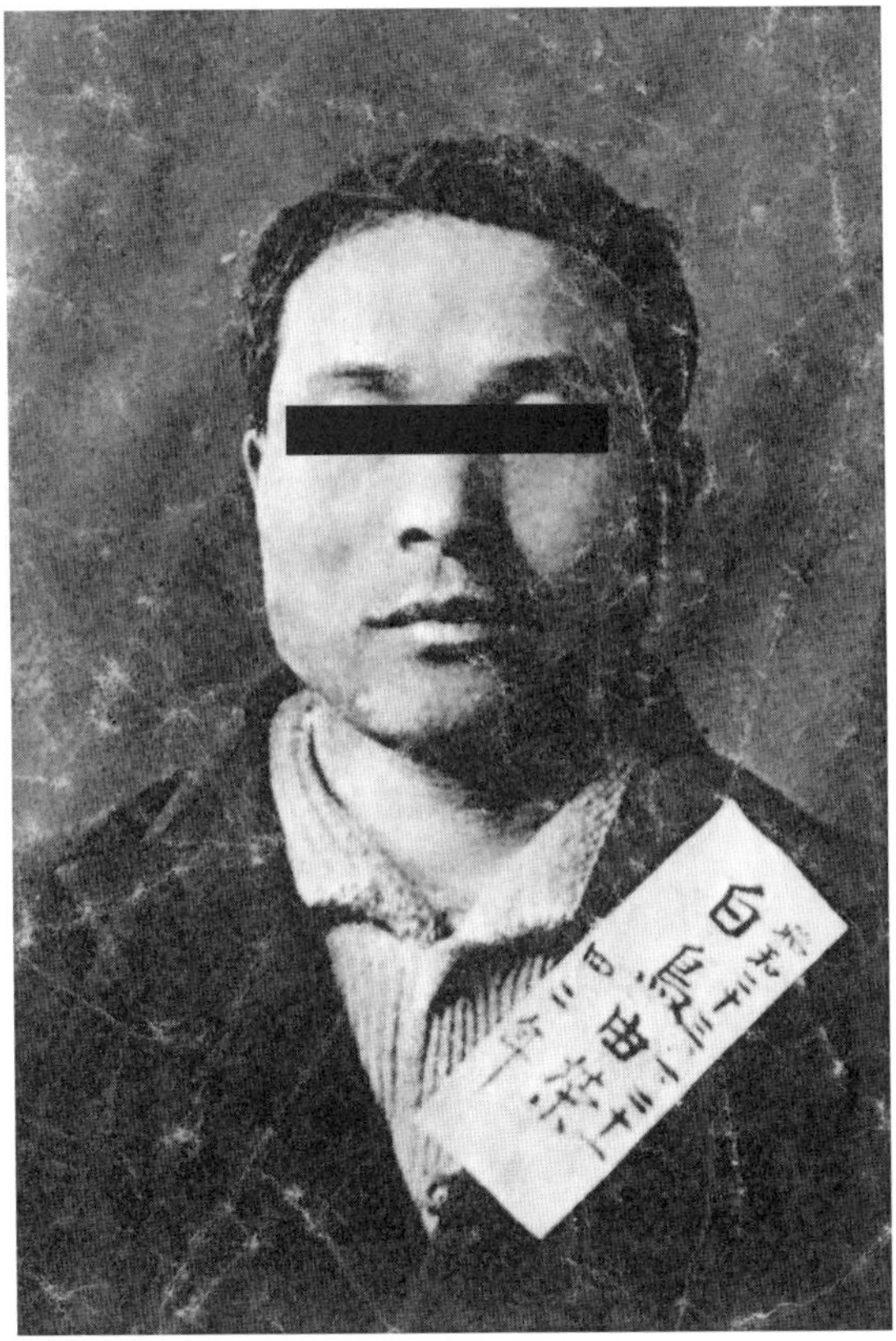
白鳥由栄

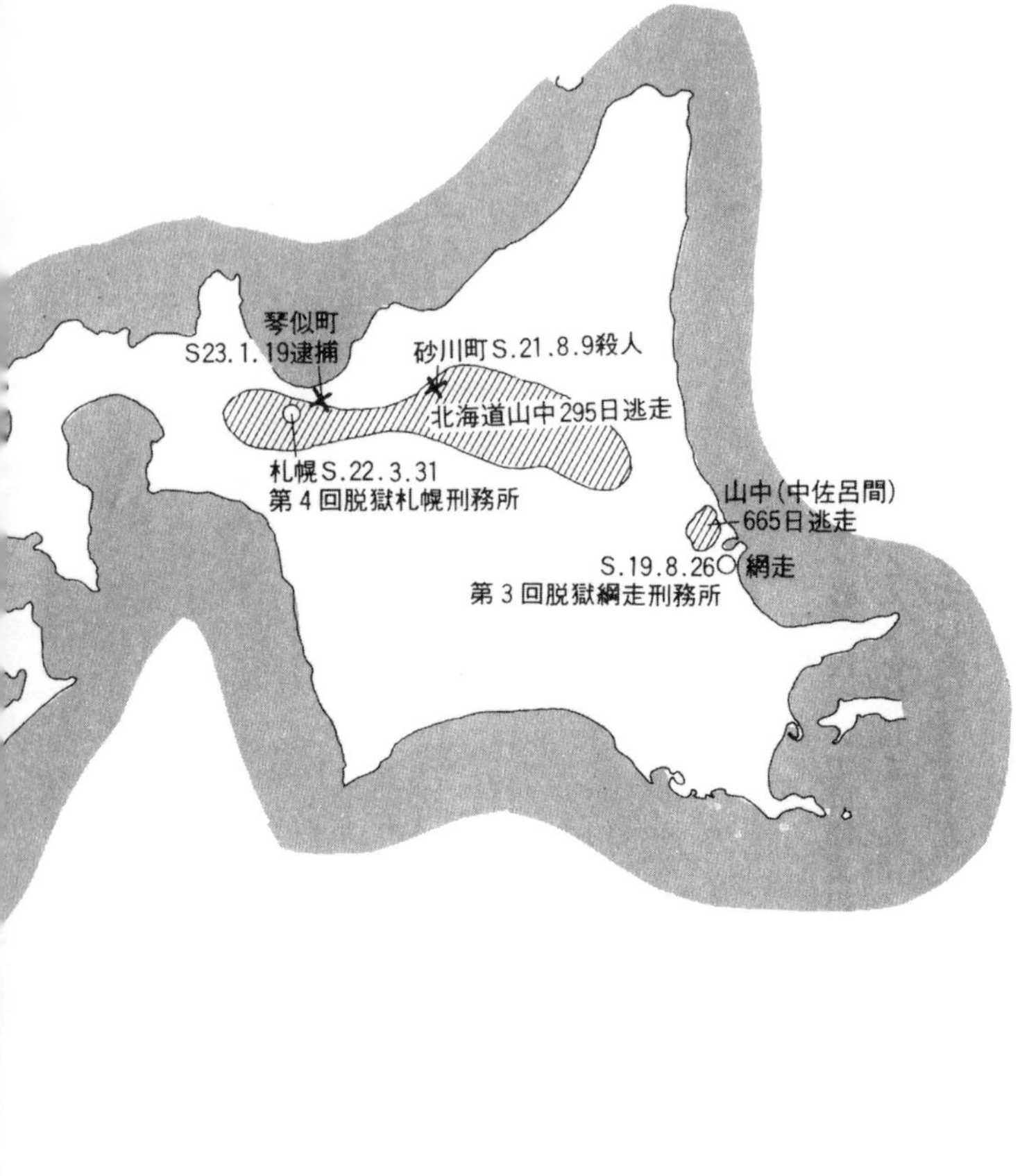
琴似町
S23.1.19逮捕
砂川町S.21.8.9殺人
北海道山中295日逃走
札幌S.22.3.31
第4回脱獄札幌刑務所
山中(中佐呂間)
665日逃走
S.19.8.26
網走
第3回脱獄網走刑務所

図１　白鳥由栄「脱獄関係図」

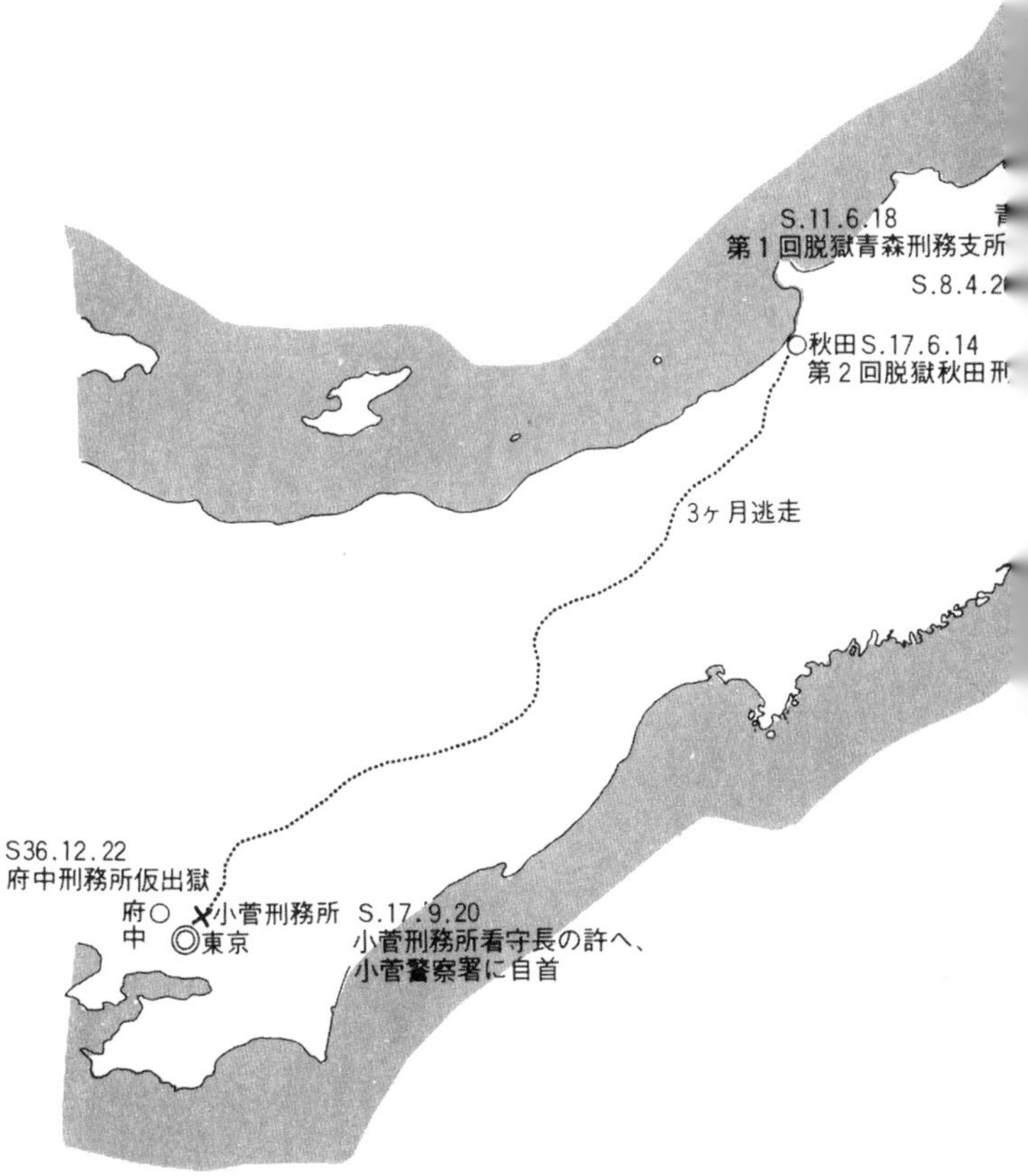

本書は、『脱獄王 白鳥由栄の証言』（評伝社、一九八五年）を底本にした。

判決文・報道記事・資料については原文のまま掲載した。なお、誤りと思われる箇所には「ママ」とルビを付した。文中、敬称は省略した。

府中刑務所出所

一九六一（昭和三十六）年十二月二十二日。この日は早暁、雪が霙《みぞれ》にかわった寒い日であった。午前六時三十分、都下府中市にある府中刑務所の黄色の塗装も色あせ、コンクリートの地肌が露出した庁舎の正面横に取り付けられた頑丈な鉄の扉が一人の男を娑婆《しゃば》に送り出すため、当直看守の手によって開かれた。六時三十分という早朝出所は異例のことで、この時間、刑務所はまだ静寂の世界に眠っていた。

一メートル六〇センチと背丈は小柄だが、肩幅の張ったガッシリとした体をねずみ色の作業衣に包み、同色の運動靴をはいた男が、紺無地の地味な背広を着た西所長に付き添われる格好で、娑婆との境界を区切る中門《なかもん》を出てきた。男の両手には古びた縞の風呂敷包が握られていた。白鳥由栄《しらとりよしえ》にとって、府中刑務所の中門を己れの意志で内から外に出るのは入所以来十三年目……。いや、二十六年ぶりに社会に開かれた門であった。

「白鳥君、よく頑張ったね。今更、何にも言うことはないが体だけは大事にして……。早朝出所で一睡もできなかっただろうが、記者連中がもし、君のことを嗅ぎつけて来るとまずいと思い、実は出所をこの時間にしたわけなんだ。気を悪くしないように……」

所長は白鳥の顔を覗き込むようにして諭《さと》した。

「長い間、本当にお世話になりました」

所長はじめ総務部長、管理部長、教育部長等に向かって再び深々と頭を下げた白鳥は、コンクリ床の道路から玉砂利を敷詰めた前庭を一歩、一歩自分の意志で歩きはじめた。青森以来のことである。正門の横に出所者を出迎える人たちのために三坪ほどのトタン葺きの待合所が作られている。待合所の中には人の姿が認められた。男の方が窓ごしに白鳥の姿を見定めると連れの夫人に「来たよ」と声をかけ、二人はベンチから腰を浮かし、外に出た。

「白鳥さん、おめでとう。あなたも先刻承知のことだと思いますが、今日からあなたを世話することになった八興社《はっこうしゃ》の大島です。よろしく。ああ、それから、これが家内です」

大島は傍《かたわ》らの夫人を白鳥に紹介した。

「雪になっちゃって、寒いでしょ。話は落ち着いてからにして、さ、白鳥さん行きましょうか」

夫人は傘を差し出し、白鳥を促した。

「大島さん、白鳥君をよろしくお願いします。白鳥君、今日は君の出発の日なんだからね。これからが勝負なんだ。まず、健康第一にやってください。それじゃあ、私はこれで」

所長は短い言葉で白鳥を激励すると、庁舎に向けて踵《きびす》を返した。所長の見送りもまた、異例のでき事であった——。

三人が正門を出ると頑丈な鉄の扉が内側から閉まった。白鳥の耳朶《じだ》に最後の刑務所の扉の音が残った。身元引受人の大島夫婦と白鳥は、受刑者が作ったレンガ敷きの舗道を高いコンクリート塀に沿ってバス通りへと向かった。雪道には不揃いな六つの足跡が残った……。一九六一（昭和三十六）年十二月、無期懲役囚白鳥由栄はこの年、満五十四歳で仮出獄になった。

白鳥由栄にとっての二十六年間は、脱獄に賭けた人生でもあった。それは、また、彼の生に対する証《あかし》でもあったわけだ。

○一九〇七（明治四十）年七月　青森県に生まれる。
○一九三三（昭和八）年四月　青森市で強盗殺人を犯す（二十五歳）。
○一九三五（昭和十）年八月　土蔵破りの犯人として盛岡警察署に逮捕される。
○一九三五（昭和十）年十二月　青森刑務所柳町支所に移送。
○一九三六（昭和十一）年六月　青森刑務所柳町支所を脱獄（第一回・二十八歳）。三日後、市内の共同墓地で逮捕される。
○一九三六（昭和十一）年八月　青森地裁において準強盗殺人と逃走の罪で無期懲役の判決。
○一九三六（昭和十一）年十一月　宮城控訴院において無期懲役が確定。
○一九三七（昭和十二）年三月　青森刑務所から宮城刑務所に移監。
○一九四〇（昭和十五）年四月　小菅《こすげ》刑務所に移監。
○一九四一（昭和十六）年十月　〈戦時罪囚移送令〉に基き、秋田刑務所に移監。
○一九四二（昭和十七）年六月　秋田刑務所を脱獄（第二回・三十四歳）。

○一九四二（昭和十七）年九月　捜索の網を潜り三月《みつき》かけて上京し、小菅刑務所を訪ねた後、小菅警察署に自首する。
○一九四三（昭和十八）年三月　東京区裁において逃走罪で懲役三年の判決。
○一九四四（昭和十九）年四月　小菅刑務所から網走刑務所に移監。
○一九四四（昭和十九）年八月　網走刑務所を脱獄（第三回・三十七歳）。二年間、山中の洞窟で生活する。
○一九四六（昭和二十一）年八月　北海道空知郡砂川町（当時）において殺人を犯し、逮捕される。
○一九四六（昭和二十一）年十二月　札幌地裁において殺人、加重逃走罪で死刑の判決。
○一九四七（昭和二十二）年二月　大通拘置支所より札幌刑務所に移監。
○一九四七（昭和二十二）年三月　札幌刑務所を脱獄（第四回・三十九歳）。山中で三百日間生活。
○一九四八（昭和二十三）年一月　札幌市琴似町で逮捕される。
○一九四八（昭和二十三）年五月　札幌高裁は砂川の殺人を傷害致死と裁定し、加重逃走罪と併合で懲役二十年の判決を言い渡す。
○一九四八（昭和二十三）年七月　GHQ札幌地方軍政本部の命令により、特別仕立ての郵便貨車で府中刑務所に移送される。
○一九六一（昭和三十六）年十二月　模範囚としての生活が認められ仮出獄が許可される。

――生涯に死刑、無期懲役などの極刑の判決を受けながら、四回にわたる脱獄を敢行した白鳥由栄は昭和犯罪史に特筆される存在だが、出所後十六年余の足どりは杳《よう》として摑めなかった。〝娑婆〟と〝別荘〟の往復人生を過ごしているその道の人間は数多い。しかし、白鳥のように、一九三五（昭和十）年に逮捕され、一九六一（昭和三十六）年に仮出獄するまで、娑婆に出たのは〝脱獄〟による三年余りという例は日本はもちろんのこと、世界の脱獄史上にもその例を見ない。

この度外《どはず》れた人生を歩んだ脱獄のプロフェッショナル白鳥由栄とは一体、どんな人間なのか？

生きているなら会って話を聞いてみたい……。

こうして、私の白鳥を探す取材行がはじまった。だが、白鳥の消息はまったく分からず、東京からスタートした取材行は、西は大阪、神戸、姫路、そして仙台、秋田、青森と北上し、さらに津軽海峡を渡り、札幌、滝川《たきかわ》、網走と白鳥の姿を追う彷徨《ほうこう》の旅が続いていく……。

私が白鳥由栄に関心を持った直接のきっかけは、二十四年前の新聞記事であった。写真入りで近況を紹介した記事は、一層、興味をかきたてた。

見出しに〝生きている白鳥〟とあり、さらに〝楽しげに炊事当番〟〝既になし脱獄への郷愁〟とリードが付されている。

脱獄王・白鳥由栄が札幌市郊外琴似町内で捕まったのは昭和二十三年一月二十一日（筆者

注…正しくは一月十九日）だった。それからもう四年になる。人々の記憶からは既に忘れ去られてしまったことであろう。脱獄の理由がすべて看守たちの冷酷な仕打ちに対する反抗であったといわれる彼の愚鈍なまでの人間憎悪心とやさしい言葉で接した巡査の前に静かに縛についたという彼の二重人格性を知る読者の中には、彼の更正《ママ》に関心を持つ人もあると思われる（中略）。

東京都北多摩郡府中町（筆者注・昭和二十九年＝一九五四年四月一日・多摩、西府《にしふ》の二村が合併、市制施行）、ここが府中刑務所の所在地だ。白鳥はいまここに収容されている。鈴木所長の温かい心に次第に落ち着きを取りもどし、たまには笑顔も見せるという。彼は日課の炊事当番の仕事を楽しげに勤めている。

青森、秋田、網走、札幌と四たび刑務所を脱獄した彼、しかし脱獄にかけては忍術使いとまでいわれた彼がどうしてそのような柔順な気持ちになっていったか、これは一つの謎である（中略）。

部屋の隅で壁に足をかけてスルスルと天井まで登り、ほんの少しの凸凹があればわけなくビルにも登る技術をわきまえているという彼、看守が見廻りに来てまた引きかえす時間を靴音で判断し、脱獄作業はラジオその他の物音をこくめいに利用して行なったという彼、一日に三十里は優に突っ走るという彼であるから……。

白鳥の指導には鈴木所長自らが当っているということで、炊事当番に彼を廻したのも所長の指示からだと伝えられる。

いわば矯正にあたる者と矯正される者とが心と心の戦いを続けているのが、いまの状態だともいえる。（北海道新聞、一九五二〈昭和二十七〉年二月十一日付、傍点は筆者）

記事の傍線部分の記述が、人間白鳥由栄の全人格を解くキー・ワードになるのではないか。私は、彼の歴史が刻まれた土地を訪ね、関係者の証言を集め、情報の点と線をなぞって白鳥の消息を追い求めていくことになる――。

白鳥との出合い

白鳥由栄は東京・御徒町《おかちまち》にある三井記念病院のベッドの上に横臥《おうが》していた。生存の確認は一枚の住民票からだった。複写した紙片は取材の旅でくしゃくしゃになり、手あかですり切れている。一九七七（昭和五十二）年十一月、街は木枯らしが吹き抜ける寒い日であったが、私の体は興奮で火照《ほて》っていた。訪ねた病院は、十二階の高層ビルで、広いロビーは外来診察の受付けでごったがえしていた。案内窓口で白鳥の入院を確かめると、八基あるエレベーターの一台に乗ったが、患者用なのかケージは緩慢な速度で上昇していく。私は逸《はや》る心を抑えようと、手帳にはさんだ住民票の手書きの文字をあらためて反芻《はんすう》した。

○本籍　　青森県青森市筒井町三十八番地
○住所　　東京都台東区日本堤一丁目
○生年月日　明治四十年七月三十一日
○氏名　　白鳥由栄

目指す病室の一〇三六号室はコの字形に建つ病棟の南端、十階のサンルームに最も近い位置にあった。ナース・ステーションで、大部屋に入院している白鳥の在室を確認し、廊下を病室に向かって歩いているうちに、掌《てのひら》がじっとりと汗ばんできた。

廊下を突き当たり、左に折れていちばん奥の病室が一〇三六号室だった。入院患者の名前が書かれた白いプラスチックの名札がドアの右手に掛けてあり、六名の名があった。私は目を走らせる。下から二番目に〃白鳥由栄〃の名前を確認したとき、思わず深呼吸をしてしまう。だが、もしや同名異人ではないのかと不安がよぎる。ドアの前で一瞬迷っていた私に、通りかかった二十二、三の健康で、はちきれそうな体を白衣につつんだ看護婦が、

「どうかなさいましたか」

と声をかけてきた。

「いや別になんでもないんですが、看護婦さん。ここに入院している患者の白鳥さんは、間違いなく〃おじいさん〃の白鳥由栄さんですね」

「エエ、そうですが、その患者さんがどうかしたんですか?」

彼女は私の質問の意味を計りかねた様子で、病室の前を立ち去った。踵を返し白衣の裾が舞った瞬間、消毒液の臭いが鼻をついた。

わたしは意を決し、ドアを押した。

「あの……白鳥さん、白鳥由栄さんはどちらですか?」

「白鳥は私ですが、どなたですか」

窓際のベッドから老人の声が返ってきた。

私は彼のベッドの前に立った。そこには半身を起こした老人が温和で、平穏な顔をのぞかせている。四十年前の新聞写真から想像していたイメージとは違っていた。が、目から鼻筋にかけて特徴のあるマスクは往時の面影を髣髴《ほうふつ》とさせていた。

声は小さいがハッキリとした口調で、

「白鳥ですが、どなたでしょうか?」

彼はいぶかしげに、私の顔を白目がちな細い眼でまじまじとみつめた。

「白鳥さん、突然伺って失礼いたします。私は斎藤といいますが、実はあなたを二年以上追い続けて、やっとここに辿《たど》りついたものです。今日は白鳥さん、あなたのことを書くための取材で伺ったのですが、ご協力いただけますか?」

私はここまで一気にしゃべると、彼の反応を待った。白鳥の細い眼は一瞬、キラッと光り、表情がこわばったかに見えた。が、また元の温和《おとな》しい顔にもどって、

「わかりました。ここではなんですから、外で話しましょう」

と、面会を断わることもなく、ベッドから下りると先に病室を出た。

取材拒否も覚悟していただけに、あまりにも簡単に本人が承知してくれたことに、一瞬、とまどった。が、やがて安堵感で全身の力が抜けていく思いであった。

喫茶室のテーブルをはさんで対座する。正面から見据えた白鳥は、禿上って広く見える額にしわを寄せ、細い眼で私を数秒間凝視したが、間をおいて、

「今は生活保護と医療扶助で、こうして、御上《おかみ》の世話になっているんです……」

と、口を切った。

御上と表現する白鳥の言葉に、私は老人の年齢を感じた。

「俺は未《ひつじ》の七十、満でだ。府中を出たのが五十四のときで、昭和三十六年のはずだから、そう、今年で、十六年たつわけだ。だいぶ昔のことなんで、つい、歳《とし》の勘定をしちまって……。あそこを出てからは刑務所の中とはちがって、また別の意味で苦労してきた。今でも、俺の首には目に見えない鉄の鎖がついていて……。まあ、身から出た錆といってしまえばそれまでだが、随分と耐えてきたんだ。

それでも、府中を出たあの日のことは一生、忘れられないな。なにしろ、足が地につかなかったんだ。

二十数年ぶりの娑婆は、まるっきり世の中が変わっちまって、生活に慣れるのに二、三年はかかった。

それと、中にいるときは鈴木所長さんにえらく世話になって、あの人のお陰で俺は出られたようなもんなんだ。面倒を見てくれた人は、他にも保護会（筆者注…刑務所を満期や仮出獄で出た者で、さしあたり生活の機会、つまり仕事や住居のないものを保護観察所の委嘱を受けて収容する民間の更生施設で、正式には更生保護会と称す）の大島さんや斎藤弁護士、それに小林主任さん、そして出所するときの所長で、たしか西さんて名前だった。

西所長さんは朝早く、俺のために門のところまで送ってくれてね、それで迎えに来てくれた大島さん夫婦に引き取られて、出所したわけだ」

白鳥の口からつぎつぎと人の名前が出てくる……。

「あの頃、俺も体には自信があったから、バリバリ働いてね。しかし、今じゃあ、ごらんのとおり、体を患《わずら》って入院するハメになってしまい、心臓が相当、参っているんだ」

十六年前の出所当時の思い出を懐かしむ気持で語る白鳥ではあったが、病気の話になると老人の顔は翳《かげ》り、寂しそうに笑う。

彼はしゃべりながらときおり、古びたノートに目を移す。

「ああ、このノートかね、いつも肌身離さず持っているが、これは俺の生活が記録してあって、全部、記号で書いてあるんだ。○から九までの数字といろはを組合わせて、俺しかわからない暗号を作って、こうして書き残しておくんだ。刑務所生活の知恵だな」

ノートにはビッシリと鉛筆書きの記号が書き込まれてあった。

私は持参した新聞の切り抜き、警察記録、判決文のコピー等、資料を思い切って彼に見せ、書かれている内容について、事実かどうか質《ただ》してみた。

「本当のことだが、新聞は大袈裟《おおげさ》に書くからな、嘘の記事も多いさ。真相は俺しか知らぬことで、役人のあくどさなんかは、一言も書かれていないはずだ」

役人のあくどさというくだりを、白鳥は繰り返し強調する。白鳥にとって、憎悪心が二十六年間の獄中生活を支えるすべてであったのだろう。そして、今も憎むことで自分を納得させ、老人の執念を燃やしているのだろうか。

獄中の生活にふれると、テーブルの端を強く握りしめ、興奮気味に話しはじめる。

「当時の巡査や監獄がどんなものか、わからんだろう。そのあくどさは体験者じゃあなければ絶対にわからんよ。とくに監獄での扱いは酷《ひど》かった。この手首や足の傷はどうしたと思う」

そういいながら寝巻きをたくしあげて、傷跡を私に示した。内股に四カ所、両手首に二カ所、そして足首にもケロイド状のひきつれた傷跡が生々しく残っていた。

「この傷は、みんなやつらにいたぶられて、つくられた傷なんだよ。手首のは網走でやられた跡で、あのときは特別製の手錠で、鍵穴なんてなくて、はずすときは金ノコで切らないとはずれない手錠をかけられていたんだ。

そりゃあ酷い扱いで、夏なんか手錠が肉に喰い込んで腐り、蛆《うじ》が湧いたこともあったね。それに、あそこでは真冬でも単衣《ひとえ》の着物一枚で房に放っとかれて……。俺はこの傷跡を見るたびに、昔のことは一生忘れまいと心に誓っているんだ」

ここまで一気に話すと、白鳥はコップの水をグイーッと一息に飲み干し、傷跡に視線をはずすと、フーッと肩で息をついた。

後述するが、この網走での獄中生活は、彼の判決文にも次のように記録されているから、偽りのないところだろう。

普通人には用うべくもない特別に大きい手錠と足錠を掛け、また特に太い連鎖を腰に巻きつけ縛り上げるという厳重な戒護処理を執られていたので身体の自由が利かず手錠は手首に喰い込んで其処が腐敗して骨が露出し、其の傷からと、身体の自由がきかないため、不潔になった腋の下が、爛《ただ》れ、蛆が湧出するという有様であり、冬が来ても単衣一枚のままで置くという待遇を受けたので――　（後略）

彼はいま、闘病生活を続けているが、知り合いの者にも病院は知らせていない。老残の醜態を晒《さら》したくないという人間最後の誇り、そんな心境の白鳥に、私は残酷とも思える質問を次々と浴びせていった。

資料の中に事件当時の新聞の切り抜き、元警察官、弁護士、刑務所関係者などの証言がある。これを白鳥の語る〝事実〟とつきあわせて、空白部分を埋めていく。そして、かつて「昭和の脱獄王」「脱獄の天才」といわれた男の人生にとって〝脱獄〟とは一体なんであったのかを考えてみたい。そんな気持で、白鳥との付き合いがはじまった。

白鳥は私の問いに、重い口調だがしっかりと答えてくれた。


二十六年間の獄中生活、四回の脱獄、そして合計三年余の逃避行という事実は記録され、資料に公表されている。だが、白鳥がなぜこのような軌跡を歩むに至ったのか、その動機なり、理由についてふれたものは少ない。

白鳥は自分の生い立ちを次のように語る。

「おやじが病気で死んで、俺は二歳のとき荒川村の親類の家に養子に出されたんだ。養家は豆腐屋で、俺はそこで育ち、尋常（小学校）まで出してもらい、卒業すると家で豆腐屋の仕事を手伝っていたんだ。俺は小さいときから、体は丈夫で力もあったから、朝の早い豆腐屋の仕事も苦にはならなかった」

そして青春時代の生活についても、

「おやじの借金を返して田畑を買いもどし、将来、自作農になることが夢だった。そのため、寝る時間も惜しんで働き、豆腐売りのかたわら、百姓の賃仕事もやり魚の行商にも精を出していたんだ。

働きといえば、養家を出て最初は十九の一人身のときと、世帯を持ってから二回、蟹工船に乗ったこともあり、オホーツクからカムチャッカにかけて、随分と無茶な出漁をしたこともあった。しかしあのころが、俺にとってはいちばん楽しい時代で、賭博を覚えたのも、雑夫（著者注・蟹工船の時代、雑役の仕事をする乗組員を雑夫と称した）時代だった」

白鳥はしゃべりながら遠い過去を思い出したのか、心なし目が潤んでみえた。

出生地の青森で幼・少年期を過ごし成人した白鳥は、世話する人があり、二十一歳のとき、地元で世帯を持った。子供にも恵まれて一男二女の父親になった。しかし、生活は世帯を持ってから、こと、志とは異なり豆腐屋稼業のかたわら土蔵荒し、そして竹蔵殺しと大胆な犯行を続けていたことも、また事実であった——。

当時の白鳥の生活ぶりについて、

「私は十九の年、白鳥へ嫁に行きましたが、その頃は荒川村におり、由栄は蟹工船に出稼ぎに行っていました。その後、青森へ出て豆腐屋を始めたのは何年だったか一寸《ちょっと》忘れましたが、その頃から由栄はちっとも家には居付かず、外で何をしていたか全くわかりませんでした」

と、妻は後日、東奥日報の記者に語っている。

「外で何をしていたか全くわからなかった」と妻が話していた時期に、白鳥は〝竹蔵殺し〟〝土蔵荒し〟にと精を出していた。

白鳥はいう。

「賭博の金欲しさに悪さをやっていたのは本当で、あの頃から、俺は家族に迷惑をかけていたんだ。仲間に誘われたとはいえ、俺がしっかりしていればやることはなかったんだが、断わりきれなかったのは、俺の気持がフニャフニャしていたからなんだよ」

竹蔵殺しは昭和八（一九三三）年四月九日、青森市内で起きていた。『青森県警察史』を引用してみる。

午前二時ごろ雑貨商葛西亀吉方に覆面をした二人組の賊が忍び込み店内を物色中に、同家の養子竹蔵に発見されて逃走した。追跡した竹蔵は路上で賊の一人に追いつき組み伏せたところ、先に逃げたもう一人が引き返して竹蔵の背中を日本刀で切りつけ、組み伏せられた賊も下から短刀で竹蔵の腹を刺し、二人は逃げ去った（筆者注…六日後の四月十五日に竹蔵は病院で死亡）。（中略）

捜査は鋭意進められたが犯人未検挙で竹蔵殺しは二年余りが経過、昭和十年二月の異動で、刑事課長に福士重太郎警部が就任、重点目標の一つに重要未検挙事件の解決を掲げ「竹蔵殺し」も基本調査からやり直すことになった。(中略)
同年八月、内偵中の容疑者の一人で土蔵破りの犯人として盛岡警察署に逮捕されていた豆腐製造業白鳥由栄が浮かび同人を引致取調べた結果犯行を自供、ここに竹蔵殺しは急転直下二年ぶりに解決を見るに至った。

警察記録に書かれている事件の経緯は以上であるが、私はこれが事実なのか、その点を白鳥に質してみた。

「新聞で散々書かれたが、あの事件(竹蔵殺し)は知り合いの男と一緒にやったんだ。それと、土蔵破りも仲間と組んでやり、五所川原、三戸、浅虫、遠くは盛岡まで足を延ばし、土蔵のある家を狙って忍び込み、現金や品物を盗んでいた。青森のときは長谷川っていう庄屋で山持ちの家に忍び込んで、一万円という大金を盗んだんだ。

しかし、竹蔵の一件はいまでも仏さんにすまないと思っている。殺すつもりはなかったんだ。短刀で刺したのも、仏さんと道で争っているときに誤って刺さってしまい、あんなだいそれたことになるとは思ってもいなかった。

それと、共犯が逮捕されたことを新聞で知って、自首したんだ」

青森警察署に自首した白鳥は、先に逮捕された共犯の白鳥佐武郎の自供で主犯にされてしまったと巷間《こうかん》でいわれているが、二人の関係については、今なお彼は口を閉ざして語らない。

しかし彼が、「警察では拷問に近い取調べを受け、それ以来官憲に対し不信感、憎悪が募っていった」と語るように、すでに佐武郎は従犯として送検されていたのだから、白鳥を主犯とするための強引な取調べが行なわれていたことは容易に考えられる。

当時は自白が証拠とされた時代である。

警察史に書かれている生前の竹蔵の供述はすこぶるあいまいで、「組み伏せたのはかなり年配の男、また日本刀で切りつけたのは大柄な若い男で合羽《かっぱ》を着ていたと申し立てた」と、あるが、物的証拠の指紋についてはふれておらず、白鳥を主犯と断定したのはすべて自供によっている。

しかし、いずれにしても白鳥は竹蔵殺しの主犯として送検された。

留置場には四カ月近くも置かれ、一九三五（昭和十）年十二月十日に起訴され、同日身柄は青森刑務所柳町支所に移された。同所では独房の生活が続く。その間、公判は遅々として進まず、生殺しの状態に置かれた。

そのうえ、看守には「人を殺してまだ生きているのか」とか「殺人鬼め」とか嘲笑され、冷酷な仕打ちを受け、とても耐えられなかったと当時をふりかえる。

白鳥は、柳町支所を脱獄した直接の動機は看守に対する不満が原因だったと話す。

とまれ、彼は怒りを内向させ、次第に脱獄への決意を固めていくことになる。

白鳥の青森時代は、父親の死という思いがけぬでき事が身辺で起きているが、幼・少年期はごく当たり前に養家で育てられ、青年時代には〝志〟も持ち、一家を構えている。しかし人生に蹉跌《さてつ》を生じたのは、自らを制御できなかった白鳥の心の弱さに原因があったのではないか。

事件を追って

旧盆もすぎた一九七六（昭和五十一）年八月下旬、私は事件当時の青森県警察部刑事課長で、〝竹蔵殺し〟〝脱獄〟と白鳥とは縁の深い福士重太郎を青森に訪ねた。目的は、白鳥由栄の竹蔵殺し事件と脱獄事件について聞いてみたかったからだ。

通り雨のすぎた午後、残暑のぶりかえしでその日、青森はやけに暑かった。風通しのいい跨線橋の柱に掛けてあった寒暖計は三十四度を指していた。

七十六歳になる福士は、市内でも最大手のデパート「松喜屋」の社長として現役で活躍している。

私は単刀直入に、四十数年前の事件について話を切りだした。

「うーん。あの事件かね。私にとっては一生忘れることのできない思い出ですな。私は当時新任の課長として、両事件に関係があったので担当しましたが、白鳥君にはだいぶ手こずらされたからね。なにしろ警察はキリキリ舞いさせられて。彼は実に頭のいい男だった。脱獄の手口なんかは凡人ではとても考えつかない方法で成功しているんだから、まあ、いってみれば犯罪史に残る人物ということかな。そういえば、彼の消息を十年前に風の便りに聞いたことがあるが、社会人として立派に更生したそうだね。たしか当時、白鳥君は三十歳前後で血気盛んな年だったが、いま生きておるとすれば七十は越しているでしょう。懐かしいですな。機会があればぜひ会ってみたいですよ」

——福士さんから見た白鳥の印象はどうでしたか？　なにぶん四十数年も前のことですから、記憶も薄れていると思いますが。

「いや、いや、彼のことはハッキリと覚えていますよ。白鳥君という男は根っからの悪党ではなかったですな。そりゃあ若い時分は極道生活もやったようですが、律儀というか……生まじめなタイプで熱中するとトコトンやり抜くという人物でしたよ。それと偏執狂というか……たしかに執念深い一面はあった。しかし、脱獄事件は本事件（竹蔵殺し）よりも大騒ぎになって、なにしろ、殺人犯が逃げたというので検事局、警察部、刑務所合同の捜査本部を置きましてね。町中、三日間というもの大変な騒ぎでしたよ。

あの脱獄事件で後日、決行時間が問題になりましてね、刑務所の発表した時間と白鳥君が自供した時間に五時間ものずれがあって、それで、一時、刑務所との間に一悶着がありました。しかし、事件は正味三日で解決しまして、われわれもホッとしたもんでした」

——現在の白鳥の消息をご存知ありませんか？

「いや、知りませんね。でも十年も前ですが、こんな話を聞いた覚えがありますよ。うわさですから当てになるかどうか。たしか、そう、東京の『ハッコウシャ』とか耳にしましたね」

——「ハッコウシャ」、どんな字を書くんでしょう？

「さあ……。それは私にも分かりませんな」

ハッコウシャ？　地名か組織名か、どちらにしても帰京後、そのハッコウシャの線を追ってみよう。まだ、白鳥の行方が分からなかった当時は、この信ぴょう性の薄い情報にも飛びつく思いで、残暑の青森の街を引きあげたことを覚えている。

また、商売の豆腐屋について、それは世を忍ぶ仮りの姿で、本業は土蔵荒しだったと話してくれたものもおり、証言者はこう語る。

「豆腐屋という商売は朝の早い仕事でしょ。世間は白鳥は早寝早起きで、朝早く仕事をするものと思い込んでいる。ところが白鳥は、夜の暇な時間も、せっせと土蔵荒しに精を出していた。カモフラージュのための商売として、豆腐屋はもってこいの仕事だったんですよ」

後日、白鳥にこの話を聞かせると、肯定も否定もせず豆腐屋家業について、

「生業だったが、なにかと便利な仕事だった」

と、もらしている。

青森脱獄

青森刑務所柳町支所を脱獄して再び逮捕されたとき、白鳥は刑事に脱獄の動機を語っている。当時の新聞は次のように報じた。

彼が七カ月の永い未決監生活にほとほと飽きて来たのと、今一つは、自分はどうせ重刑に処せられるものと知り、どうにかして、今一度娑婆の風に当たりたいとの考えから〝何時か機会があったら〟と狙っていた。

逮捕現場において、最後まで逃げようとした由栄に桑田刑事課次席が、先ず大喝一声、

「由栄！」

と言うと彼は、

「ハッ、何とも悪いことをしました。申しわけありません」

と言い、

「刑罰が恐くて逃げたのか」

と聞くと、

「いやそんなことで逃げたのではありません、あまり長い間放っておかれるので、飽きて飽きて我慢できず逃げたのです」
と、脱走の直接動機を語った。――（一九三六〈昭和十一〉年六月二十一日付東奥日報）
このように、脱獄の理由は事件（竹蔵殺し）が引き金とはなっておらず、未決生活中の心の変転にあったようだ。
○A公判の遅れで未決生活に飽きた。
○B重刑を予想したため、今一度娑婆の風に当たりたかった。
○C看守の冷酷な扱いに耐えられなかった。
このような心理状態で悶々と未決生活を送っているうちに、脱獄を決意したというのが真相ではないのか。

看守について白鳥はいう。

「俺を馬鹿にした看守を懲らしめてやれという軽い気持で逃げたんだ」

と。しかし、それにしては準備が周到で、計画的な脱獄の手口は鮮やかだ。決行は公判中の一九三六（昭和十一）年六月十八日未明（刑務所発表）。

同日午前零時をちょっと過ぎたころ、予《あらかじ》め用意した自作の鍵で、収容中の第三独房の錠前を開けて廊下伝いに舎房の扉まで走り、その扉も自作の鍵で開け、裏門の錠前も開けて脱獄。その後、近くの山中に潜伏して三日間をすごしている。捜査状況は逐一、新聞で情報を得ていたそうだ。

ころはよしと、三日目に山を下りて病人を装ったが、墓地で逮捕された。

初め、刑務所当局発表の脱獄の時間が六月十八日午前五時三十分ごろとされ、白鳥の自供と異なるところから、この時間差をめぐって逮捕後、刑務所当局と警察の間に一悶着があったというエピソードもある。

〃軽い気持で逃げた〃本人は、内心してやったりと快哉《かいさい》を叫んだことだろうが、刑務所当局にしてみれば驚天動地の一大不祥事であった。新聞紙上にはセンセーショナルな活字が躍っている。

〃警鐘で消防を総動員、捜査網拡大強化〃〃まるで市街戦、全市は緊張そのもの〃〃脱獄囚白鳥由栄杳として行方不明〃〃今度、捕まれば必ず死刑？〃

捜査本部からは各新聞社、市長、消防組、青年団等に対して、次のようなビラが配られている。

一、各新聞社は犯人の顔写真、犯行手口、脱獄当時の服装、人相等を掲載すること。
二、犯人らしき者の来往を見聞したときは、速やかに警察署に申告すること。
三、夜に入ると強窃盗や殺人をやるおそれあり、戸締まりを厳重にすること。
四、昨夜来の盗難は、細大もらさずに申告すること。

五、警察官は犯人逮捕に全力を傾けているから、青森市近郊の町村は消防組、在郷軍人会、青年団等において自警団を組織して非常警戒に当たること。

それこそ青森市は〝官民〟挙げて事の成り行きを見守っていた。もっとも市民の関心は脱獄囚の顔を一目、見ることにあったようだが……。〝捕物〟に動員された警察官は県下全警察官の約半分で、正規の警察官だけではたりず、巡査教習所の教習生まで狩り出され、警察部長以下百九十名、他に消防組員が捜査応援に五十名編成され、総員二百四十名で一人の脱獄囚を追うことになった。

白鳥は脱獄後の三日間、どこで、なにをしていたのだろうか。

「あのときは、共同墓地で捕まったんだが、下痢が激しくて三日目の明け方、病人を装って、山を下りたんだ。

山の生活は百姓時代に知っていたから、別に苦にならなかった。それよりも事件の顚末が気になって、新聞は三日間読んでいた。山中では手に入らないので、昼間、穴を出て山を下り、百姓家に近づいては竹竿を障子のすき間から入れて新聞を抜きとって、それで捜査状況を読んでいたんだ。

宿がわりに使っていた穴は芋を貯めとく芋蔵で、中はあったかくて居心地はよかった。その芋の上にゴザを敷いて寝てね。穴の入口は木の枝なんかを立てて隠していたから、絶対に発見される気遣いはなかった。

場所は町場に近い山だったな。食い物は木の実や山菜ばかり喰っていたので、それで下痢を起こしてしまったんだ」

脱獄から逮捕までの状況を、新聞は〝脱獄の足取りはどうか〟と大見出しをつけて報じている。

脱走の数日前、便器の汚物を棄てに行った際、廊下で長さ七、八寸の二分丸の針金を拾い、数日間を費してこれを曲げて手製の鍵を作り、それで監房の錠前を外して脱監して同裏門の扉を開け、裁判所、裁判所官舎の間から道路を抜けて向かいの柳町小学校通りの十字路を駒形町へ曲がり、線路を横切ってガードを渡り、舟町に入る手前で宇土部落に通ずる田んぼに出て、宇土部落に向かって逃走し、上田を通って大越の中間から同村の裏山に入り、十八日はその山で一夜を明かし、筍やわらびを食べて十九日午後四時頃大門に下り、共同墓地附近で一夜を明かし、二十日午前五時十分に同墓地で空腹と下痢でへとへとに疲労していたところを逮捕されたもので、逮捕時は脱監に際し使用した針金を曲げて作った鍵と、マッチ、バット（筆者注…タバコ）、銅貨三銭、長さ三寸くらいの大ロウソク二本を所持していた。尚服装は脱監時のままの銘仙の縞の着物に雪駄ばき、着物の襟を裂いて帯がわりにしていた。――（一九三六〈昭和十一〉年六月二十一日付東奥日報）

前掲の記事を黙々と読んでいた白鳥は、

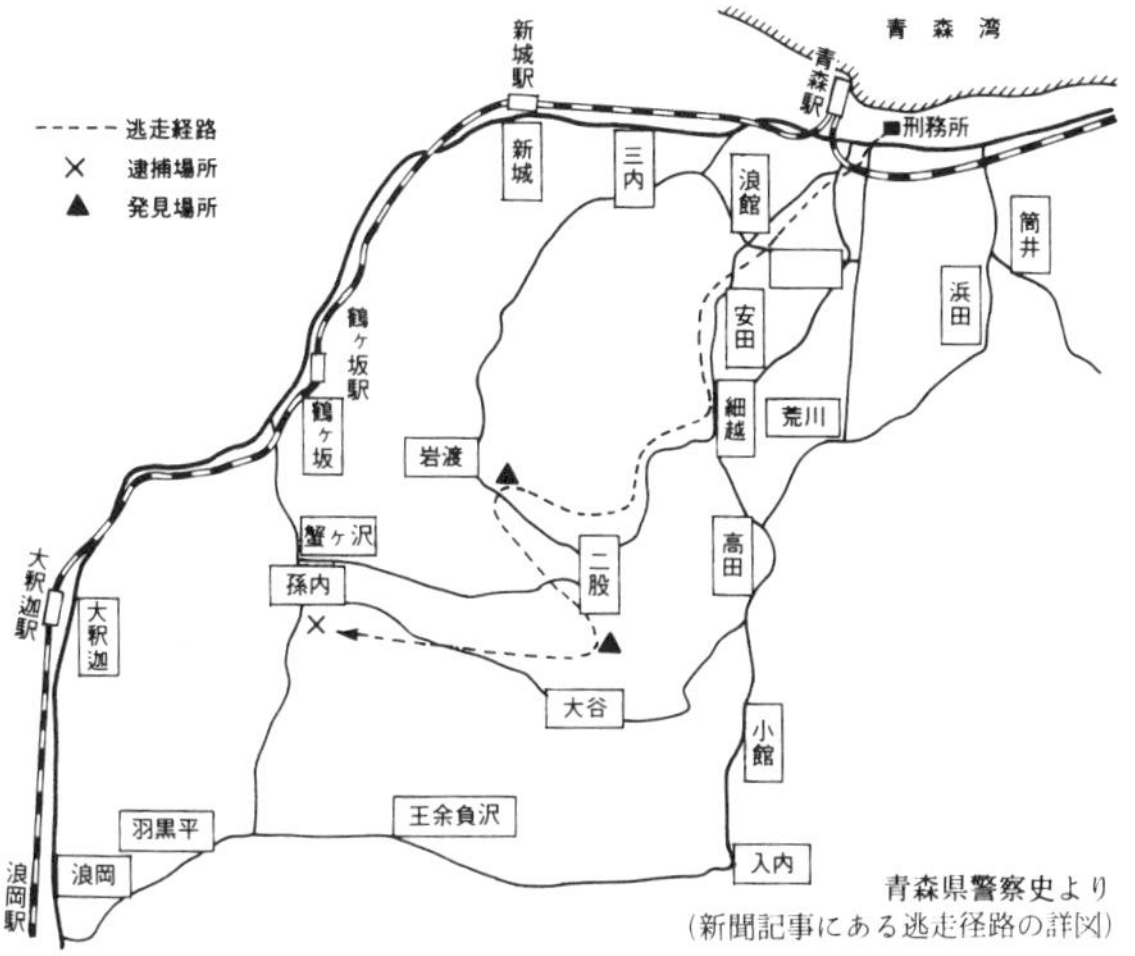

青森県警察史より
（新聞記事にある逃走径路の詳図）

図２　青森刑務所柳町支所脱獄の逃走径路図

「……逃げた道順はハッキリ覚えてないが、新聞は日時も食い物のことも出鱈《でたら》目《め》で、それに、へとへとに疲れていたなんて、新聞記者は見ていたように書くんだな。だいいち、写真の俺がそんなに疲れた姿に見えるかな」

と、護送時の写真を指差した。そして、

「脱獄はこうしてやったんだ」

と、語りはじめた。

「鍵は針金で作ったんだが、俺が入っていた独房（筆者注：第三房）は木造で、出入口の扉に取り付けられた錠前の下に食器を出し入れする小窓があって、その食器口が中からでも開くんだ。

逃げようと決めたときは汚物を棄てるため房外に出たときに、錠前の位置と食器口の位置を目測で計り、後日、看守の隙を狙って食器口から手を出して、掌が鍵穴に当たることを確かめたんだ。なんでそんなことをやったかといえば、鍵穴に掌を押し当てて、鍵穴の形を写しとるためだったんだよ。

鍵を作る材料の針金は、汚物を〝便捨て場〟に棄てに行ったとき看守の目を誤魔化して拾い、その針金を細工して即席の鍵を作ったというわけだ。

逃げたときは〝房〟と〝舎房〟〝非常門（裏門）〟の三カ所の扉を開けたんだが、一本の鍵で簡単に開いてしまった。見かけはゴツくて頑丈に見える刑務所の鍵も、案外、簡単に開けられるもんだな。

そう、準備には三十日ぐらいかけたな。狙った時間は真夜中で、看守の交代時間だった。その時間は看守のいちばん気のゆるむ時間帯で、巡回の空白時間が十五分あるんだ。その時間を計るには看守の足音を数えて、それで、ピタリと当てた。もちろん、何十日も試してみたよ……。

そして発見を遅らせるため、布団と毛布と枕を使って、俺が寝ているように寝床をみせかけ、それで逃げたんだ」

白鳥は三十日の準備期間で〝鍵の位置を確認し〟、〝針金を用意し〟、看守の〝巡回時間を靴音で計り〟、そして仕上げとして寝具で寝姿をつくっている。完璧ともいうべき手順で脱獄に成功したわけだが、三日で縛についた。必死で逃亡する脱獄囚の姿というより、一種の滑稽さで脱獄劇を演じた主人公ではなかったのか。

白鳥逮捕の一報は号外で市民に知らされ、護送されてきた青森警察署の前を数千人の群衆が取り囲んだ。こうして第一回の脱獄は三日で幕を閉じ、白鳥の身柄は警察から刑務所に引き渡された。

逮捕後、中断されていた竹蔵殺しの審理は再開され、二カ月後の一九三六（昭和十一）年八月二十八日には、青森地方裁判所で判決公判が開かれた。

「逃げたことで裁判の時間がえらく早くなった。それに、刑務所の警戒も厳重になって一日二回、房の検査と身体検査をやっていたし、二人の看守が交代で四六時中――監視につくようになったな。

そのときの気分は、逃げるなんて心境はさらさらなかったし、早く判決が出て下獄したかったことだ。でも、無期とは思わなかった……」

判決は、白鳥由栄が〝土蔵荒し〟と〝竹蔵殺し〟で『準強盗殺人罪』、〝脱獄〟が『逃走の罪』、併合罪で『無期懲役』、共犯の白鳥佐武郎は竹蔵殺しの従犯として、懲役十年の刑が言い渡された。佐武郎は一審判決で下獄したが、由栄は判決を不服として控訴している。しかし、十一月五日、宮城控訴院は控訴棄却の判決を言い渡し、白鳥由栄の刑は確定した。

青森時代の土蔵荒し、竹蔵殺しは、それほど特異性のある事件ではなかったが、〝脱獄〟を決行したために白鳥由栄の名は、当分の間、世間の話題となり、人々の記憶に残った――。

彼は下獄して一時、本署の青森刑務所に収監されていたが、無期懲役囚のため、五カ月後の一九三七（昭和十二）年三月二十日には、東北地区で刑が確定した長期囚を収容する宮城刑務所に身柄は移監になった。白鳥はこの日以来、府中刑務所を出所するまで青森に帰ることはなく、それは、家族との永遠の別離でもあった。

秋田脱獄

宮城刑務所では、事故を起こすこともなく三年余りの受刑生活を送っていたが、一九四〇(昭和十五)年四月七日付で突然、東京の小菅《こすげ》刑務所(現在の東京拘置所)に移された。移監の理由は定かではないが、多分、刑務所当局が脱獄を危惧《きぐ》して鉄筋コンクリート造りの小菅の獄舎に移したと思われる。

小菅といえば、この地が有名になったのは、八代将軍吉宗が、将軍家の保養地として千住御殿をここにつくってからで、いまでは拘置所の敷地内に「千住御殿遺物」と彫られた高さ三〇センチほどの石碑が、そのことを示す唯一のものである。

一八七二(明治五)年には、東京小菅にはじめての民間のレンガ製造所ができた。銀座のレンガ造りの店舗や丸の内にあって通称「一丁ロンドン」といわれたオフィス街のレンガは、すべて小菅製のレンガであった。一八八二(明治十五)年には皇居の造営にも小菅でレンガが焼かれたことが記録されている。

一八七九(明治十二)年に東京集治監(筆者注…小菅刑務所の前身で、当時、三池・東京・宮城・樺戸《かばと》の四カ所に集治監が置かれた)ができてからは、レンガ工に四人があてられていたから、皇居のレンガも小菅の受刑者たちによって造られたことになろうか。

東京集治監開設後、九年たった一八八八（明治二十一）年には、改築され東洋一といわれた小菅監獄が囚人たちの手によって完成したが、この建物は、惜しいことに関東大震災のとき廃墟となってしまった。

一九二九（昭和四）年に再建された建物はエレベーター、水洗便所がついて、今日でも東京拘置所として使用されているが、当時、来日していたチャップリンが所内を見学して、その設備のすばらしさに驚いて、「世界一の刑務所だ」と絶讃したそうである。もっとも彼一流のユーモアで皮肉ったのかもしれないが……。

白鳥はこの小菅時代に小林良蔵という看守長に出会うことになる。小林は戒護主任（現在の保安課長）の役職にあったが、白鳥は心から服従し、二人の間には拘禁という厳しい現実を超えて、人間としての信頼関係があったといわれる。

白鳥にとって小菅の一年二カ月の生活は、府中刑務所時代につぐ精神的に安定した受刑期間であったが、その間、塀の外は、大戦へと軍靴の音がこだまし、日米開戦が避けられぬ社会情勢になっていた。時を同じくして、受刑者の身である白鳥の身辺も、〃脱獄囚〃としての処遇が当局によって検討されはじめていた。

開戦となれば、①首都に重罪囚を収容しておくことは、治安上問題がある、②国家非常時に際し、刑務所も生産現場の一員として協力する（刑務作業による軍需品の製造）。

この二つの理由から、司法省令で定められた『戦時罪囚移送令』によって、受刑者の地方送り、いわば疎開がはじまった。もちろん、白鳥もその一人として一九四一（昭和十六）年十月二十日、開戦の二カ月前に秋田刑務所に移送になった。青森で事件を起こして以来、九度目の冬を迎えようとしていた。

疎開先の秋田で待っていた処遇は、小菅と打って変わり〝不良囚〟の処遇そのもので厳重を極め、札つきの脱獄因が送られてくるというので、刑務所側は白鳥のために特別に作った鎮静房と称する独房を用意していた。

判決文（一九四八〈昭和二十三〉年五月二十四日・札幌高裁）には同所の収容状態が、次のように書かれている。

　同所では鎮静房に容《い》れられ、手錠をかけられた儘で置かれたので此《こ》のままでは到底堪えられないと考え、再三担当看守にその房から出してくれるように取り計らってもらいたいと申し出たが聞き入れられなかった。

入所と同時に鎮静房送りになった白鳥だが、受刑者は『在監者は紀律の遵守《じゅんしゅ》を第一の義務と心得厳に獄則命令を守り殊《こと》に右の件を服膺《ふくよう》すべし』と定められた『在監者遵守事項』を厳守して服役することが心得とされていた。一九〇八（明治四十一）年九月に制定された遵守事項とは、以下ようなものである。

一、官吏に対し従順を表し礼儀を守る事。
一、静粛を旨とし言語動作を慎む事。
一、教誨《きょうかい》を謹聴し精神の修養を怠らざる事。
一、学事を勉め知識の発達を期する事。
一、作業に励み技能の熟達を期する事。
一、衛生に注意し身体の健全を保つ事。
一、清潔を重んじ室内、器具等の掃除を怠らざる事。
一、器具素品などを鄭重《ていちょう》に取扱い汚穢損壊《おわいそんかい》せざる事。
一、他の在監者に対し和順を旨とし喧嘩口論を為さざる事。

九項目から成っており、白鳥が即、鎮静房送りになったのは、獄則に反した受刑態度（脱獄、担当抗弁）を、当局がおし量ったためであった。

白鳥はいう。

「青森の脱獄があったからといって、宮城や小菅では、ごく当たり前の懲役囚として扱ってくれた。しかし、秋田刑務所!! あそこは最初から俺を不良囚の扱いにしたんだ。それも、人間以下の扱いだった。入れられた部屋は、青森のときとは大違いで、普通の独房ではなく〝鎮静房〟といって、昼間でもほとんど陽が射さない部屋で、高い天井に薄暗い裸電球が一灯点き、明り窓は天窓が一つだけ。それに、三方の壁は銅板で張られ、扉は食器を出し入れする小窓もない作りになっていた。
そんな部屋に手錠をかけられたまま放り込まれ、一冬過ごしたんだ。
もちろん、仕事なんかやらせてくれなかったし、入所当初は手錠をはずすのは三度の飯と用便のときだけで、それ以外は、薄暗い房の中で一日中うすべりの上に正座をさせられていた。足がジーンとしびれて、投げだしていると、看守が視察口から覗いて『白鳥なんだ、その態度は、懲罰だ』と、怒鳴るんだな。俺は何度も出してくれるよう看守に頼んだが、逃げるまでは駄目だった――」

刑務所側は青森での失態があるだけに、あらゆる方法（監視強化、完全隔離、戒具の常時使用等）を講じて、白鳥の脱獄を警戒していた。しかし、刑務所側の〝力による制圧〟に対し白鳥の心は閉じ、むきだしの闘争心で反抗の姿勢を見せはじめ、看守を激しく憎悪しはじめていく――。

白鳥が『戦時罪囚移送令』に基き秋田刑務所に移送になった時代は刑務所も戦時体制で、工場の作業は軍服の縫製、弾薬箱の製造、軍靴、馬具の製作と、刑務所全体が軍需工場の観を呈していた。

作業は連日二時間の残業続きだが、夜食に蒸しまんじゅうが配給されるので、受刑者に不満はなかったそうだ。

当時の刑務所の様子を知る手掛かりの一つとして、一九四二（昭和十七）年一月に刑務協会（現在の矯正協会）で発行された所内紙『人』の一節を引用してみる。

第2回の脱獄に成功した秋田刑務所の全景。1912年3月に完成

世の中の人々は、戦争気分が横溢して来て灯火管制が敷かれ真暗になったりすると、必ず先ず第一に四人の逃走などの刑務所の事故を心配するものである。しかし、私は信じる……。

私は本当に収容者たちがお国の為に自粛自戒して呉れることを信じる……。四万五千の収容者!! 此の非常時局に犯罪などあってはならないのだ。犯罪によって国力を消耗するなどということは、それこそ一大不忠である。私は今のお前たちみんなを信用する。

皮肉なもので、刑務事故を心配し逃走を戒めた文章が『人』に載った五カ月後に、白鳥は脱獄している。

受刑者たちも紙面を通じ、作業内容の変化を知ることで、社会の動きを感じとっていたのだろう。

また、秋田には戦前犯罪史を飾った〝説教強盗〟で有名な無期囚の妻木松吉も収容されていた。（筆者注…昭和二十三年＝一九四八年、模範囚として仮出獄）

白鳥を知る証言者の一人に、斎藤忠雄がいる。白鳥が北海道の砂川町で殺人事件（後述）を起こしたとき、官選弁護人になった人で、脱獄の理由を次のように語る。

「たしかに彼は、ドロップ・アウトした人間で脱獄ではいろいろと世間を騒がせました。しかし白鳥君が刑務所を逃げたのは、こう、なんというのか、脱獄の哲学……それも純粋に役人に対する反抗心から出ているんだな。それと〝人間の作ったものは必ず壊せる〟という信念、それは、まあ、彼なりに脱獄を正当化する方便であったかもしれない。

だが、別の意味では監獄改良を身を以って実践してきたわけだから、それなりに彼の脱獄は意義のあったことで、私は評価していますよ。

秋田のときはたしか、白鳥君が容れられていたのは鎮静房でしたが、あの脱獄の一件以来、廃止されたはずなんです」

秋田の脱獄は〝役人に対する反抗〟からはじまったと、斎藤は話す。

白鳥に質してみた。

「俺が逃げたのは青森、秋田、網走、札幌と四回だが、別に私利私欲で脱獄したわけではないんだ。秋田のときは刑務所の酷い扱いと、役人の横暴な態度に腹を立てて、そのことをなんとか役所（司法省）に直訴したいと思って、そこで、小菅時代に面倒を見てくれた主任（小林良蔵）さんに会えば俺の話を聞いてくれると考え、主任さんに会うために脱獄したんだ。それと俺は、逃げるときは必ず、そこの刑務所でつらく当たった看守に『脱獄する』と予告してたんだ。もっとも、たいていは『できるもんならやってみろ』と嘲笑されたがね。まあ、予告も作戦で、人間の気の緩みを狙うために通告したわけだが……」

脱獄は国家権力に対する挑戦であり、個人や集団が、その英知のかぎりをつくして鉄壁の守りに挑む人間ギリギリの闘争手段ということができるのではないか。それはまた、リスクの大きい賭でもあるが……。

脱獄は看守と脱獄者との知恵の闘いであり、〝隔離と拘禁〟が存在理由《レゾンデートル》である刑務所の機能を混乱させるもっとも効果的な手段といえる。個人で、あるいは共謀した同囚が看守に知られないように床板をくり抜いたり、天井に穴を開けたり、鉄格子を切ったりして脱獄に挑む。そして自由を回復するのに、異常な知恵と努力と忍耐力を集中して脱獄計画は進められていく。

いわば刑務所と受刑者の関係は、脱獄に関していえば「いかに厳しく監視するか、その監視の目を潜って逃げだすか」のスリリングな両者の闘いであるともいえる。

白鳥は個人で国家権力に挑戦したわけだが、終戦後、大阪で日本最大といわれた集団による〝大脱獄〟が拘置所でおきている。内部資料から再現してみよう。

この日（筆者注：一九四六〈昭和二十一〉年八月十一日）は日曜日であったため幾分早目に夕食を配ったが、その混雑の折り、午後三時ごろ日本人の一被告が台湾省民に対し侮蔑した言

現在も使用されている秋田刑務所の表門

葉で罵ったことから紛争が生じた。

　まず台湾省民被告強盗傷人容疑の張碧雅（仮名）ほか二名が担当看守を脅迫して扉を開かせ、廊下に躍り出て発言者をさがし、直接報復の制裁を加えようとした。このとき登庁中であった長谷場所長並びに大洞次席が現場に駆けつけ訓戒したので、台湾省民一同は一応居房に引き取った。

　しかしながら、事情を知らぬ他の房の被告たちは、この騒ぎに刺激されて扉を叩き、口々に食事の不満を訴え、かつ怒号するなど喧騒を極め、果ては房内の汚水を視察口から廊下に放流し、職員の制止を肯《き》かず暴状が益々加わった。かくて到底日曜日配置の少数職員では制御が困難となったので、近接の天満警察署に応援を求めた。武装警官二十名が急派され、一応鎮静したので応援配備を解除した。すると午後四時五十分ごろ、再び第一〇一房に収容されていた狂暴な被告たちが一斉に喚声をあげ、力を合わせて食台（二間×一・五尺、作業台兼用）を房扉に叩きつけて打ち砕き、二十五名の同房者が廊下に飛び出し、更に余勢を駆って他の居房の破壊をはじめた。この熱狂した怒号と暴行の轟音はたちまち全監に波及し、当日一、五一七名の収容者中一、〇〇〇名以上が群衆心理的に雷同し、それぞれの監房を破壊し、大挙して舎外に脱出をはじめた。
長谷場所長はこの間、関係方面に急報し救援を求めるとともに、必死になって部下を督励し、反抗者への拳銃射撃を命じて制圧を図ったが、構内は収容者の集団の喚声に溢れ、うち数十名の一団は炊事場を襲い、炊事夫十三名の反撃に退いたものの、遂に前後して合計一一六名の逃走者を出した。

事件の結果は十三日までの逮捕、自首者数七十六名、裁判は昭和二十一（一九四六）年九月からはじまり。十一月十日に結審したが、この結果、四十四名の被告は従来から審理中の事件とは別個に、加重逃走罪で一年から二年六カ月の刑期で実刑判決を受け、三十二名が不起訴処分を言渡された。そして残る四十名は未逮捕に終った。

白鳥は集団の力に頼らず、己の腕に託して秋田刑務所も脱獄したわけだが、その理由を「刑務所の処遇改善を司法省に直訴したいがため」だったと話す。では、いかなる方法で脱獄に成功したのだろうか。
判決文には、次のように書かれている。

同房の壁を登って天窓の金網を取り外し、屋根のトタンで鋸を造り五寸角の棟木と鉄格子の枠を切り取って準備をなし、昭和十七年六月十四日天窓の硝子を打ち壊し其処から脱出し、徒歩で東京に赴き秋田刑務所に於ける処遇を訴える目的で同年九月二十日東京小菅刑務所《ママ》に自首した。

とある。また、地元紙は脱獄の二日後に〝強盗殺人犯・秋田刑務所を脱走〟の見出しを付け、ベタ記事で事件を報じた。

――強盗殺人の無期囚として東京小菅刑務所から秋田刑務所に転送服役中の本籍青森県西津《ママ》軽郡荒川村生れ当時住所不定白鳥由栄（三六）《ママ》は、十四日深更《ママ》看守の厳重な監視の眼をのがれて脱走した。秋田刑務所では県刑事課と緊密な連絡のもとに全国に非常手配を発して、躍起の捜査を開始したが夕刻に至るも逮捕に至らない。兇暴な強盗殺人犯であり、一般民も厳重監視して被害の未然防止はもちろん、積極的に捜査当局に協力するよう望んでいる。
（一九四二〈昭和十七〉年六月十六日付、秋田魁《さきがけ》新報）

時節柄、脱獄囚のニュースは人心を不安におとしいれるという理由で、記事は小さく扱われたのだろう。が、一転、戦後の北海道新聞は三段見出しで、脱獄の状況を詳しく報じている。

その後、白鳥は秋田刑務所に移され、銅板張りの狭い独房に入れられた。ここでも彼は酷寒をうったえてもとりあげてくれぬ看守の扱いに憤り、脱獄宣言をした。

せまい独房の両壁に足をかけて〝ヤモリ〟のようによじのぼり天窓にとびついて、ブリキ板の一片とクギ一本を手に入れ、この材料でノコをひそかにつくり、看守の目を逃れては、わずかの時間に壁をのぼり明り採りの窓の木枠を切って、数日でこれを切断し、これにより昭和十七年六月、この窓の鉄格子をたたきはずして脱獄後、刑務所の改善を司法省に訴えるため、一時間二里の健脚で上京、小菅署に自首し、堂々意見を開陳、十八年四月網走刑務所に移送された。（一九四七〈昭和二十二〉年四月三日付）

秋田刑務所にいた期間は八カ月。その間、銅板張りの鎮静房に入れられていた白鳥だが、いつ頃から脱獄を計画し実行に移したのか。白鳥は驚くほど正確に当時の状況を覚えていた。

鎮静房は、間口二メートル、奥行二・五メートル、高さ三メートルの長方形の監房で壁及び床はコンクリートで固め、その上、三方の壁には銅板を張り、前面の扉は松材を打ちつけて補強し、外部からだけ監視できる構造で、天井は厚さ一寸の板を二枚重ねで張り、天窓は金網でおおった三〇センチ四方のガラスが採光窓として取り付けられていた。

照明といえば二〇ワットの白熱電球が一灯だけ点るという暗室で、キリギリス監房、通称〝ギス監〟と呼ばれていた。

「鎮静房は病舎の近くに建てられていたはずだ。分かったのは消毒液の臭いがしたからで、房の広さは二坪くらいか。天井の高さは三メートル以上もあって、最初のころは天井ばかり見上げていたな。

冬になると手錠は外してくれたが相変わらずの鎮静房の生活で、床の上にはうすべりが一枚敷いてあるだけ、コンクリの冷え込みで寒くて、とてもジーッとはしていられなかった。

そのうち、俺も不貞腐《ふてくさ》れて看守の注意なんて無視して房の中を何十、何百回と駆け廻って、自分の体で暖をとっていたんだ。

はじめは看守も大声で『懲罰』なんて怒鳴っていたが、俺の方も『必ずここを破って逃げて見せる』なんて、やりあっていたんだな。

看守に脱獄宣言するときは、腹から絞り出すような太い声で、小さく相手を威圧するんだな。これで看守の方も、オタオタする奴がいたもんだ。

秋田を逃げたのも青森のときと同じ初夏の頃（六月）で、真冬は絶対に避けたもんだ。冬は〝寒さ〟と〝行動の自由〟が利かず、それに〝食糧の確保〟が難しいので、俺の脱獄は四回とも冬の季節は逃げていないんだ。

脱獄の計画を立てたのは、三月頃だった。

天井を見上げてばかりいたのは、腐りかけていた天窓に狙いをつけていたからで、秋田の鎮静房は扉も壁も破ることは不可能だった。そして、次に準備したことは銅板張りの壁と壁が直角に交わる角に両手、両足をふん張って体を壁に押しつけるようにして、天井まで登ることができるかどうか二、三十回は練習してみたんだ。自信がついたのは、一刻《いっこく》息を詰めて指先に力を入れて登ると成功したんで、それで、脱獄の準備をはじめたわけだ。

そして次に用意したものは、天窓の枠に取り付けてあったブリキ片と錆びた釘で、釘はブリキ片を交互に突き差してギザギザにとがらす道具に使ったんだな。ブリキ片は即席の鋸《のこぎり》として利用したというわけだ。

天窓は壁際にあり、ガラスには金網がおおってあったが、足で壁をふん張り体を支えて右手で天窓の枠を握り、左手でブリキのノコを握って木枠の四方に切り筋を入れると。腐っていたせいで頭突きで五、六回突き上げると天窓の枠は簡単に外れてしまった。その作業が完成するまで十日ぐらいかかったが、看守に発見されないために、一日の作業は時間にしてせいぜい十分くらいで、昼間の看守の交代時間を狙い、少しずつ進めていった。昼間の時間を作業に利用したのは、夜だと静かすぎて音が外に漏れてしまうので、音が★まぎれる昼間★の時間を作業にあてたというわけだ。

房の点検は一日一回必ずあったが、天窓は高いので検査はしなかった。それと、釘とブリキ片の隠し場所だが、作業が終るたびに天窓の木枠に、うすべりから抜いた紐で結《ゆ》わえておいたので発見されることはなかった。

脱獄を決行したのは夜で、その日（筆者注…昭和十七年＝一九四二年六月十五日）は前日から雨で、夜半には暴風雨になって、逃げるには音や足跡を消してくれるので絶好の日だった。決行したのは零時の看守交代が終ったあとで、次の巡回までの十五分間の隙が勝負だった。寝床は青森のときと同じように作って、看守の目を誤魔化したんだ。

赤テン（囚衣）を着たまま、直角の銅板の壁を両足でふん張り、両手を壁にピタッと吸いつけて、一歩一歩せり上り、手が木枠のへりについたとこで、両手の指に力を入れて身体を一挙に持ち上げて、予め取り外しができるように仕込んでおいた天窓を頭突きで外してから、瓦屋根に飛び移ったんだ。そして、道具を木枠からほどいて懐ろに入れ、地上に飛び降り、病舎の脇を通って裏手に廻り、境になっていた十尺の中塀を飛び越え、工場の建物に忍び寄って、軒下から外塀を乗り越えるための丸太を捜し出し、それで、十五尺（四・五メートル）のレンガの外塀を乗り越えたというわけだ。時間は中塀を越えるまで二十分、外塀の上に辿り着くまで同じくらいかかったかな」

一九一二（明治四十五）年三月に完成した秋田刑務所は、建築資材としてレンガを所内で製造し、監房、事務室、中央看守所、倉庫、炊事場、汽缶室、内・外塀に用いた。

記録（「秋田刑務所五十年の歩み」）には、

煉瓦塀　総延長六六〇間余（一一八八メートル）
周囲の塀　高さ十五尺（四・五メートル）延長四三五間余（七八三メートル）
中仕切り塀　高さ十尺（三メートル）延長二二五間余（四〇五メートル）
煉瓦数　一三〇余万個

と、レンガに関する記録が詳細に書かれている。

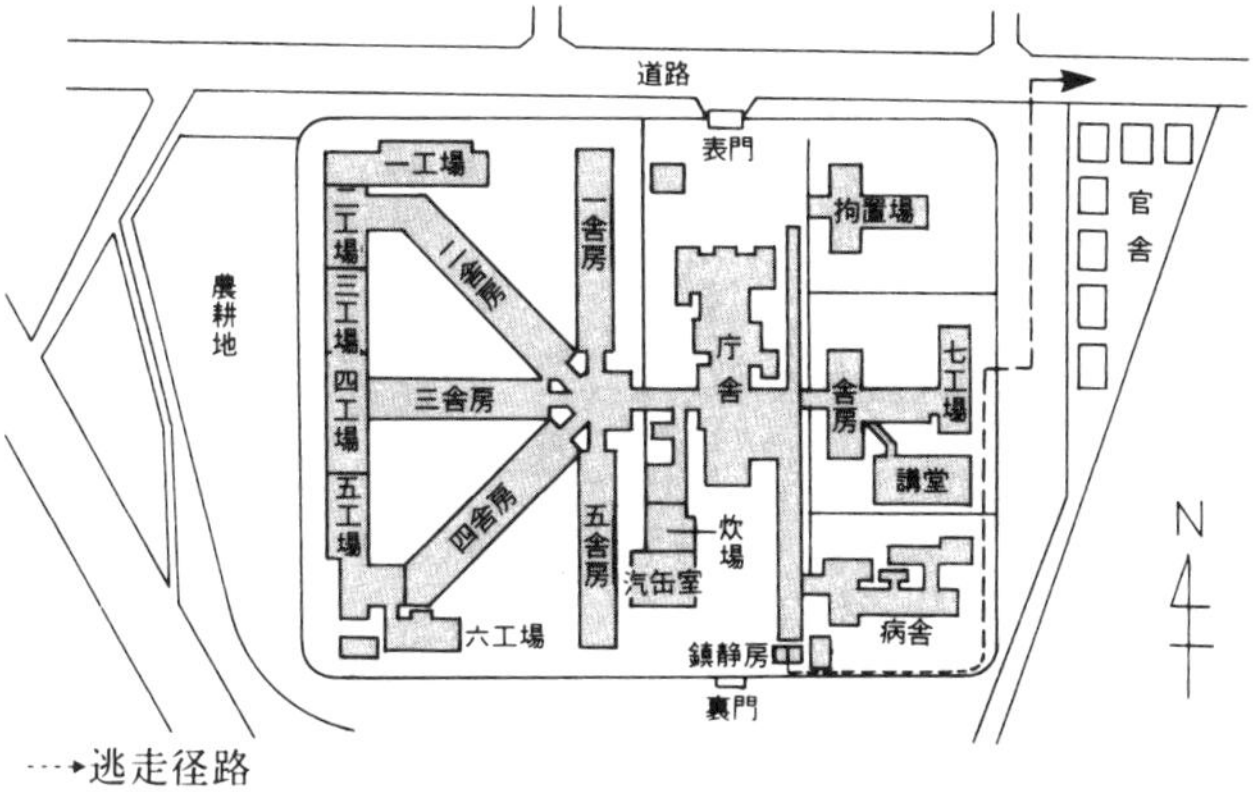

図3　白鳥証言による秋田刑務所逃走径路

新聞は十四日深更、と報じているが、刑務所配置図から証言の逃走経路を再現してみると、六月十五日午前零時十五分ごろ裏門の近くに造られた鎮静房の天井を破り地上に飛び降り、病舎の南東側を通り抜け、講堂との境を仕切っている中塀を乗り越える。その間の時間はおよそ二十分。

次いで、梯子《はしご》代わりに使った丸太を工場の軒下から持ち出し、東側の外塀に立てかけて塀を乗り越えるのに要した時間が二十分。鎮静房から外塀に辿り着き、塀の頂部に手が届いた時刻は午前一時ごろと推定される。

秋田脱獄は暴風雨に紛れて成功した。方法はブリキ片と釘を利用し、天窓を抜いて、外塀は丸太を足場にして乗り越えていた。

白鳥の話を聞いていると、脱獄は常人の想像をはるかに超えて細心で大胆、人の意表を衝《つ》く巧妙な手段で成功したことがよくわかる。

前出の斎藤弁護士は白鳥の身体的特徴について話す。

「白鳥君は強靱な肉体の持主であると同時に、特異な体質を持っていたんです。彼は関節腔と靱帯《じんたい》の可動域が異常に広く、あたかも猫と同じように首さえ入るところがあると肩、手足、腰、脚部の関節を自由に脱臼できるんです。それと、手足の裏の皮膚を伸縮させ、吸盤のようにできるんですな。

まあ、そんな特異体質を持っていたからこそ、常識外の脱獄を成功させることができたと思うんです。

これは余談ですが、彼は宮城刑務所に在監中（筆者注：一九三七〈昭和十二〉年三月〜四〇〈十五〉年四月）に離婚したんですな。わたしが札幌刑務所で面会したとき『自分は無期懲役の刑が確定して、これから一生刑務所で暮すことになるので、再び妻子の所に帰ることはできなくなった。だから、夫婦親子の縁はこれ限りと思ってもらいたい』と、奥さんを刑務所に呼んで話したというんです。

その時は、家族のことに話がふれると、白鳥君も感慨深い顔になってました」

レンガ塀を乗り越えた白鳥は脱獄後、三月《みつき》かけて東京に辿りつくが、逃避行はどのようなものであったのか。

白鳥の話は続く……。

「雨で何回か滑って失敗したが、丸太から足が離れ、十五尺のレンガ塀の頂きに両手がかかったときは、俺の勝ちだと思った。体をレンガ塀の上に横臥させて、少しの間、雨で霞んだ病舎の方を眺めていたんだが、明りも消えたままなので逃亡は発見されてないと安心したんだ。

塀からぶら下った格好で脚を縮めて、バネをつけ、飛び降りたので怪我することもなく着地した。場所は長屋造りの建物が何棟も建っていたから、多分、官舎に近いところに逃げたと思うんだ。俺の格好は〝赤テン〟と呼ばれていた赭色《しゃしょく》の囚人衣姿で裸足だったので、まっ先に手に入れたのは着替の着物と草履で、手に入れた場所は刑務所から二里くらい離れた百姓家の納屋で、そこで、ずぶ濡れになった体を乾かし、二、三時間、様子を見るために納屋に潜んでいた。

気がかりだったのは追手のことで、雨が小降りになった頃をみはからって納屋を出て、外灯もほとんどついていない裏道を通り、線路を目指したんだ。方向は汽車の汽笛の音で当たりをつけたんだが、線路を探すのに一時間近くはかかったと思う。

そして、次に探し出したのは無人の鉄道小屋（筆者注…鉄道作業員の休憩小屋）で、そこで一番列車を見るために仮眠したんだ。列車を見たかったのは客車の窓の下に掛かっている行先板（サボのことか）で、その行先板を見れば列車の向かう方向が分かると思ったからだ。案の定、一番列車は福島行きだった。それで、線路に沿って雑木林の中を福島に向かって歩きはじめたというわけだ」

白鳥が鉄道線路に沿って東京を目指して歩きはじめたのは、一番列車が通過した直後の午前六時ごろで、脱獄後六時間余りの時間が経過していた。

ここで脱獄後の足取りを白鳥が記憶している時間から推定してみると、次のようなコースになる。

六月十五日午前零時過ぎ鎮静房の天窓を壊し、レンガ塀を乗り越え塀外へ。官舎地帯を通り抜け、近郊の農家の納屋で雨宿りをしながら追手の様子を窺う。その間の時間は約二時間で、雨が小降りになるのは午前三時ごろ。次いで、線路と鉄道小屋を探すのに約一時間を要しているので、鉄道小屋に辿り着いたのは午前四時前後。一番列車を確認したのが六時ごろとして、仮眠した時間は約二時間。

十五日の午前六時前後には次の行動を起こし、白鳥の足は東京に向いていた。福島行きの一番列車を当時の時刻表で検証してみると、奥羽線秋田駅始発午前六時〇〇分の四二〇普通列車で、六時二〇分前後の時間に四二〇列車は四ッ小屋駅と和田駅の間を走っており、距離は秋田駅から西南十三・三キロの地点、また、秋田駅から刑務所までの距離は約十キロ。概算で刑務所から二十四キロ離れた場所まで白鳥は逃走していたわけだ。

その間、刑務所側は白鳥の脱獄には気付いておらず、発見の現認時間は起床号令の点呼の時間で、午前六時であった。

鉄道小屋を発った白鳥は、どのような方法で東京へ辿り着いたのだろうか。

白鳥の逃避行について秋田魁《さきがけ》新報は〝白鳥自首して出る。秋田刑務所を脱走三ヶ月目〟と見出しを付け、次のように報じた。

■東京発■本籍青森県東津軽郡荒川村生まれ、当時住所不定白鳥由作《ママ》（三六《ママ》）は強盗殺人で無期懲役を言い渡され、秋田刑務所に服役中、去る★十五日深更★、看守の厳重な眼を脱れ脱走したが、三ケ月余りを経た二十日午後十一時、突如小菅刑務《ママ》所に自首して出た。白鳥は秋田刑務所に移される前、小菅刑務所に服役していたのであるが、模範囚として遇された同刑務所恋しさに脱走を企てたもので、三ケ月、全く何一つ罪を犯さず栗の実、わらび等を食して命を繋ぎ小菅刑務所に辿りついたもので、身柄は一時東京拘置所（筆者注…昭和十二年＝一九三七年五月、市ヶ谷刑務所が巣鴨刑務所の跡地に移転し、東京拘置所と官制が変わる）に移し、今後の処置を協議中である。――（一九四二〈昭和十七〉年九月二十二日付、傍点は筆者）

三カ月間の逃避行について、白鳥は秋田魁新報の記事を見ながら、

「道中、少々の盗みはやったよ」

と、笑いながら証言する。

「食い物は畑の野菜や木の実、そして人家に忍び込んでは生米や着物、履物を調達していたので、それほど不自由な生活ではなかった。しかし逃げているときにいちばん気を使ったことは、発見されずにどうして東京へ行き着くことができるか、そのことばかりだった。

道中は用心して鉄道には全然乗らず、歩き専門だった。寝る場所は雑木林の中での野宿か山中の芋穴の中で、昼間は身を隠し、木の上で寝たこともあった。動くのは夜だけにしたから、東京に着くのに時間がかかったわけだ。

鉄道線路を目標にして秋田から東京へ向かったんだが、途中、たしか、福島の辺りで一回、迷ってしまい仙台の方へ向かってしまったことがあった。変だと気付いたのは、汽車の行先板を見たときで、東京とは反対の方向、仙台に汽車が走っていくので、それで気付いたんだ。

逃走中は夏の季節になっていたので、三日に一度は夜、川で水浴びをしていたから身体は案外、こざっぱりとしていて、洗濯も結構やっていたんだな。

新聞も青森のときと同じように民家から盗んでは読んでいたが、脱獄のことは全然記事になっていなかった。それで、こっちも不安になって、一日の行動は駅の数にして二つと決め、真夜中しか歩かないことにしたんだな。時間のおよその見当は星の動きで測っていたんだ。

それだけ用心していたせいか、東京に着くまで、一度も不審尋問には遭わなかった。俺は運が強かったんだ。それでも、東京に入るときは荒川の鉄橋を渡ったんだが、そのときは、目指す小菅刑務所が、もう、真近にあると思うと緊張してしまい、鉄橋の上から小便をしたことを、今でも思い出すな。

東京に着いたのは夜明け前で、荒川の土手に降りて、夕方までポンプ小屋で過ごしたんだ。俺もかなり大胆になっていて、まちの人に小菅の場所を聞いたりしたが、別に怪しまれることはなかった。鉄橋を渡った街は〝赤羽〟で、福島からは東北線沿いに東京へ来たわけで、小菅刑務所の小林主任さんの官舎へは荒川の土手伝いに行ったわけだ。

それでも、官舎地帯は広くて主任さんの官舎を探し、訪ねたのは午後十時を過ぎていた。官舎地帯は真暗で人っ子一人歩いておらず、主任さんの家を聞くこともできないので、一軒一軒探し、五十何軒目かにやっと探し当てたわけだ。

俺は刑務所がやになって逃げたんではないんだ。あそこのことをなんとか訴えたいと思い、それで、小菅時代にいろいろと世話になった小林主任さんに、あの人なら、ちゃんと話を聞いてくれると思い、それだけを信じて脱獄をしたんだ。目的は、ただ、それだけだった。

主任さんの官舎の玄関を何度か叩くと、玄関が開いて小林主任さんが出てきたが、俺の顔を見るなり『白鳥』といって、絶句してしまったんだ。そのときは驚いたと思うが、直《す》ぐ家の中に入れてくれ、『腹が減ってるだろう』といって、熱いお茶と蒸し芋を二つ出してくれたんだ。そのときは、本当に嬉しく泣いてしまった。

そして、小林主任さんに秋田を逃げた理由を話したんだが、全部話し終えると胸がスーッとして、明方近く、主任さんに付き添われて小菅警察署に自首したというわけだ」

脱獄したその足で、刑務所の役人である小林なら話を聞いてくれるということだけを信じ、秋田刑務所の実情を訴えた白鳥。その行為を愚鈍といえるだろうか。私は、その話を聞きながら、白鳥の一途に人を信じる心根に、なにか心に熱いものを感じていた。

脱獄の動機は小菅刑務所時代の戒護主任（小林良蔵）なら自分のいい分を聞いてくれ、しかるべき処置を執った上、司法省にも実情を伝えてくれるとの考えからの行動だった。訴えを司法省が取り上げたかどうかは不明だが、自首後、秋田刑務所の鎮静房が廃止されたことは事実であった。

小林良蔵に付き添われ、一九四二（昭和十七）年九月二十一日、小菅警察署に自首した白鳥は取調べの翌日、身柄を巣鴨の東京拘置所に移されたが、既決囚のため二カ月後には古巣の小菅刑務所に移監になった。翌四三（昭和十八）年、刑務所で迎える正月は八回目を数えていた。

聖戦の名のもとに戦端が開かれた太平洋戦争も二年目に入り、前年六月、ミッドウェー海戦で大敗北を喫した日本は、この運命の日を境に昭和史の坂道をころげ落ちていくことになる。一九四一（昭和十六）年に実施された主食の配給制を皮切りに、生活の主要物資は次々配給制度となり、一九四二（昭和十七）年の東京では、魚が一人一日、二〇～六〇グラム、小さなイワシ二匹たらずという状態であった。刑務所の献立も、三度に二度は代用食の芋やすいとんが出たという。

永井荷風は浅草で見た当時の庶民風景を、「公園内外の喫茶店飲食店大半閉店。天麩羅屋がところどころ店を開けたり、群衆寒風にさらされながら列をなして午後五時営業時間の来るのを待つさま哀れなり」と、その著書『断腸亭日乗』に記している。

代用食という言葉が流行《はや》ったのもこのころからで、主食の米の代わりに雑穀、乾麵、甘藷等が配給されるようになった。

白鳥は当時の生活について、

「俺は子供の時分から粗食には馴れていたから、別に食い物に代用食が出てもたいして苦にはならなかった。そんなことより、また、どこか他の刑務所に移されるんじゃあないかと、そのことの方が気になっていたな。

自首して六カ月後に、秋田を逃げた一件の裁判があって、あの日は雪が降って寒かったことだけは覚えている。裁判所まで車でいって、看守が大勢ついて、たぶん俺が逃げるんじゃあないかと警戒していたんだな。しかし、小林主任さんがいる以上、俺は逃げる気持なんてこれっぽっち（親指で小指の先を示しながら）もなかった。裁判は一回で終り、判決は懲役三年、別に控訴はしなかった」

国家総動員法下の一九四三（昭和十八）年三月三十一日、東京区裁判所は『逃走罪』で白鳥に懲役三年の判決を言い渡した。これで白鳥は無期プラス有期刑を背負うことになった。

判決が確定すると、一カ月も経《た》たぬ四月二十三日には白鳥が危惧していた他の刑務所への移送が現実のものとなり、五度目の移送先は極寒の地、網走刑務所であった。この頃になると白鳥の身柄はたらい廻しの感がいよいよ強くなっていく。

二度目の小菅の生活は五カ月たらずであったが、このときも白鳥の性格をよく知る小林は、なにくれとなく彼の面倒を見ていたそうだ。白鳥はいう。

「在監中、小林主任さんの親切は一度も忘れたことはなかったが、網走に送られてからはお礼の手紙を出すこともできず、そのことだけが気掛かりでした……」と。

私は白鳥と会った数日後、彼を知る一人、五島哲（七十四歳）を大山詣《もう》での参詣口として四季を通して賑わう神奈川県伊勢原の自宅に訪ねた。その日はつるべ落しの秋の夕日が大山を美しく染めていた……。

「白鳥君ね、彼のことはよく知っていますが、秋田時代のことは私と入れ違いでしたから会っていませんでしたな。白鳥君と関係を持つのは終戦後の府中時代でして、以前は年二回、必ず手紙を寄こしましてね、近況を知らせてくれたもんですが、最近は音沙汰がなかったですな。ヘェーいま病院にね。あれだけ丈夫だった彼が入院をね、やはり年ですかな。私といくらも違わなかったはずですが……。府中時代、私はあそこで教育部長をやっていましたから、そんな関係で白鳥君を身近に知っとるんですよ。彼は府中で仮出獄になりましてね。前後四人の所長鈴木、本田、荻生、西の四氏が彼の処遇、仮出獄には、熱心に関係方面と折衝していたことを覚えていますな。

白鳥君の人間性を一口でいうなら、律儀で遠慮深い人柄、それに愛憎の心の変転が激しい男でした。それと、感情の起伏が非常に激しかったですよ」

――とくに記憶に残っていることは?

「府中刑務所は短期刑のものばかり収容する累犯《るいはん》刑務所で、いろんな人間が出入りするんですが、同囚のものから『白鳥さんまだいるの』と言われることが、なんとも辛いとこぼしていたことを覚えていますよ。おそらく彼にとっては内心、その言葉が苦しかったと思いますよ。無期刑プラス有期刑を務めていたんですからな」

愛憎の心の変転の激しかった白鳥、そして律儀な男。病院で話していても、昔気質《かたぎ》の律儀さは感じた。それは決して意識的なものではなく、白鳥の人となりを私は強く印象づけられた。

私はここでも、五島哲から白鳥の性善説の一面を聞くことになる。福士重太郎にしろ斎藤忠雄にしろ、彼を知る人間は白鳥について語るとき、一致して〝律儀な男〟〝根は真面目な男〟ということを口にした。

資料を調べ、証言者を訪ね、白鳥由栄の人間性について聞き及ぶにしたがい、彼の実像を少しずつ摑んだような気がする。ともすれば、彼について語られることの多くは脱獄にまつわる伝説的な話に終始してしまう。私は取材を続けているうちに、白鳥という人間にどこまで迫ることができるか、そのことを強く意識しはじめていた。

網走脱獄

無期プラス懲役三年の刑を背負った白鳥は、満三十六歳の誕生日を小菅刑務所で迎えるはずであったが、一九四三（昭和十八）年四月二十三日午後八時過ぎ、突然、監房から引き出されて戒護課の部屋に連れていかれ、当直看守長から「網走移送」を言い渡された。時間にすればほんの数分である。そして、十分後には厳重な監視のもとに腰縄を打たれ手錠をかけられた白鳥が、看守長以下四人の看守に周囲を固められて、四人護送用の黒塗りの専用車に押し込まれて大門から出てきた。

護送車は小菅刑務所の通用門を出て荒川沿いに走り、日光街道に出ると、千住から下谷を通り抜け、灯火管制で灯のまばらな東京の街を上野駅に向かって走っていく。街の桜はすでに散り、枝は瑞々《みずみず》しい青葉をつけはじめていたが、白鳥はしきりと鼻孔をうごめかし春の匂いをかごうとしていた。しかし、青葉の香りは護送車の中にまで漂ってはこなかった。

上野駅は空襲を避けるために駅本屋《ほんや》はタールで黒々と塗られ、明りは最小限の灯だけが点けられていた。そして、壁、柱、掲示板等いたるところに〝決戦下に休みなし〟〝一人でも多く旅行を見合せ、増産に励みませう〟といった戦意高揚のポスターが貼られている。

前年から実施された旅行の制限で、旅客列車が減便されていた鉄道は本数も少なく、乗り遅れまいとする乗客や大きな荷物を背負った疎開客で、さしも広いコンコースもごったがえしていた。

上野駅に着いた五人の集団は編笠の白鳥を中心にコンコースを大股で横切り、足早に改札口に向かっていく。黒の詰襟の制服に制帽、それにサーベルを吊った男たちと、編笠を被り縞の銘仙に草履ばきの囚人ひとりという五人の集団に旅人の好奇の目が注がれる。そして人垣が割れ、通路が開かれていく。

青森行きの長距離急行列車はすでにプラットホームに入線していた。五人の集団は乗客の列を目で追いながら、列車の進行方向に足を進めていく。警察が手配していた車両は先頭から二両目の客車で、車体には赤線の帯が入った三等車。座席は固いモケット張りだった。

便所の隣りのボックスの窓側と通路を看守が固め、白鳥はその間に座らされた。そして、向かいの座席に看守長と看守部長が腰を降ろした。

列車は汽笛の音もなく、いつの間にか発車していた。窓には暗幕が張ってあり、夜景を見ることは出来なかった。しかし、白鳥にとっては、そんなことはどうでもいいことだった。騒がしかった車内も静かになり、減光された車内灯が乗客の顔を鈍い光で照らしている。車内はレールの継ぎ目を踏む車輪の規則正しい音だけがこだましていた——。

片手錠にされた白鳥は夕食に出された蒸し芋を断わり、看守長の小林良蔵から〝光〟（タバコ）の半分をもらうと、一気に吸い込み、天井に向けて煙を吐いた。目が紫煙を追っていた。

小林は、はじめて口を開いた。

「白鳥、網走は遠いがヤケを起こさずに元気で務めてくれ。体だけは大事にな」

こうして、白鳥の網走への二泊三日の旅立ちがはじまった。

網走送りについて白鳥は話す。

「日日《ひにち》までハッキリ覚えてないが、網走へ送られたのは桜の花が散って陽気のいい日だったことだけは覚えている。あの時は、固い座席で体が痛くなったが、小林主任さんが送ってくれたことと、汽車に乗るのは小菅から秋田に移されて以来のことで、常磐線に乗ったことが印象に残っている。

たしか、駅弁なんて売ってない時代で、食事は途中の刑務所で差し入れしてくれた蒸しパンか芋で、握り飯の差し入れは北海道に渡ってから二、三回あったと思う。

外の景色はあまり見る気もしなかったが昼間、津軽富士（岩木山）を目の前にしたときは、それこそ、目を皿のようにして見ていた。郷里の山を見るのは数年ぶりだったので、自然と涙が出てきて、それでもジーッと見つめていたんだ。

道中、いちばんつらかったのは青森から青函連絡船に乗るときで、これで郷里も見納めかと思うと悲しくなってきて、子供達の姿が目にちらついたんだな……」

夜汽車と青函連絡船を乗り継いで上野を発って三日目の四月二十五日夕刻、五人は網走駅のホームに降り立った。吐く息は白かった。五両連結の列車から降りた乗客は、十人にも満たなかった。

刑務所からは警備の看守が派遣され、十人の黒い一団は白鳥を取り囲んで、改札口の横の通用口を出た。外には司法省とドアに書かれた幌付きのトラックが待機し、白鳥は看守に押さえつけられるようにして荷台に乗せられた。夕方の網走駅頭は降りた客が散ると人の往来が絶えた。悲喜交々《ひきこもごも》の人々が往来したであろう網走刑務所の風雪に耐えた木造の大門は、トラックを呑むと内側から閉ざされた。その瞬間、白鳥は手錠の掛けられた両手を編笠のふちにあてると、笠を上げて外の景色を凝視した。所内のエゾ桜の蕾は固く、最果ての網走の春はまだ遠かった……。

網走の地名はアイヌ語の「ア・パ・シリ」（われらが見つけた土地）が語源とされている。市街地は網走湖から流れ出る網走川の河口付近に発展したが、人（和人）が住みつくようになり、往来がはじまったのは安政年間、今から約百二十五年前に幕府の直轄地として「網走場所」が「斜里場所」から独立し、漁業権ができてから後のことであるが、それでも、一寒村にすぎなかった。

幕末の北方探検家、松浦武四郎は「……やがて網走川に達する。……川を渡って番屋元をアパシリという。通行家一棟があってここへ泊る。このほか非常用米を貯蔵する備蔵があり、漁業用の板庫が七棟並んでおり、また鍛冶小屋、大工小屋および雇アイヌの小屋と備蔵が二棟見えた」と回遊日記に網走の印象を記している。

網走が集落としての形態を整え、町として発展するのは明治も中期を過ぎてからで、流刑地としての監獄が設けられてからであった。

道東の一漁村にすぎなかった網走に、一千人近い囚徒が標茶《しべちゃ》にあった釧路集治監から移され、北方防備の戦略上の必要から、旭川と網走を結ぶ網走道路（明治二十二年＝一八八九年に札幌―旭川間が結びついて中央道路と呼ばれるようになる）開削のため、ベースキャンプが置かれたのが現在の網走刑務所の発祥で、一八九〇（明治二十三）年四月のことである。

当時は北見国網走郡能取村字最寄と呼ばれ、その地に、釧路集治監網走外役所ができている。翌二十四（一八九一）年には早くも北海道集治監網走分監として独立した。囚人数は一千二百名に達し、職員も典獄《てんごく》（所長）以下百九十名が勤務に就いた。その後、都合により一時、閉鎖されたが三十四（一九〇一）年には再開され、三十六（一九〇三）年に監獄官制の改正があって網走監獄と名称が変わり、網走刑務所と呼ばれるようになったのは大正十一（一九二二）年十一月のことである。

沿革史に見る網走刑務所は、たしかに戦前は凶悪犯、重罪囚、政治犯が多く収容されていたことがわかる。やはり隔離の意味が強かったのであろう。

北海道はよく行刑の地といわれる。集治監（フランスの獄制を模した内務省直轄の監獄で、明治十二年＝一八七九年に東京、宮城に設置され、主として国事犯を収容した施設で、十八年＝一八八五年までに全国に六カ所置かれた）が、北海道には樺戸（現・樺戸郡月形町）、空知（現・三笠市）、釧路（現・川上郡標茶町）と、三カ所も設置されたのはそれなりの理由があった。

目的は国事犯の隔離と囚徒による北海道開拓であった。西南戦争が終った翌明治十一（一八七八）年には、元老院で「全国の罪囚を特定の島嶼《とうしょ》に流し総懲治監とする」旨を決議している。

これは特定の島嶼、すなわち北海道に集治監を置くことを具体的に想定しているし、また内務省も左記の内容で北海道に集治監を開設する得策を次のように述べている。

「徒流刑の二刑ヲオコシ、該囚ヲ遠地ニ発遣シ、役限ガ満チテモ郷土ニ帰ルコトヲ廃シ、永住ノ座ニ就シムベシ。北海道ノ地タル遼遠隔絶、畏懼《いく》スルトコロアリテ反獄逃走ノアトヲ絶ツベク、田漁ノ利ヲオコシテ一挙両得ナリ」と。

たしかに、明治の北海道は人跡未踏の地であった。原野には羆《ひぐま》やエゾ狼が走り廻り、自然がかたくなに人間の生活を拒んでいる大地だけに、開拓は常に死との闘いであったろう。

政府が労働力調達に囚人使役を考え、開拓の尖兵に囚人を動員し、北海道の開発に多大の成果を上げたことは、今日でも道路に鉄道にと、往時の囚人労働の跡が道内の随所に残っていることからも窺える。


重い水気質の粉雪が舞う昭和五十一(一九七六)年十一月、私は、ゾルゲ事件の被告でフランスのアパス通信社の記者として来日し、昭和二十(一九四五)年一月に獄死したユーゴスラビア人のブランコ・ド・ブーケリッチも収監されていた網走刑務所を訪ねた。

網走川に沿って建つ古色蒼然としたレンガ塀が、白一色の雪の中に浮いて鮮やかにも美しかった。網走湖が指呼《しこ》の距離で朝日にキラキラ光っていた。

正門へ行くには幅五メートル、長さ三〇メートルの「鏡橋《かがみばし》」を渡らなければ行けないように

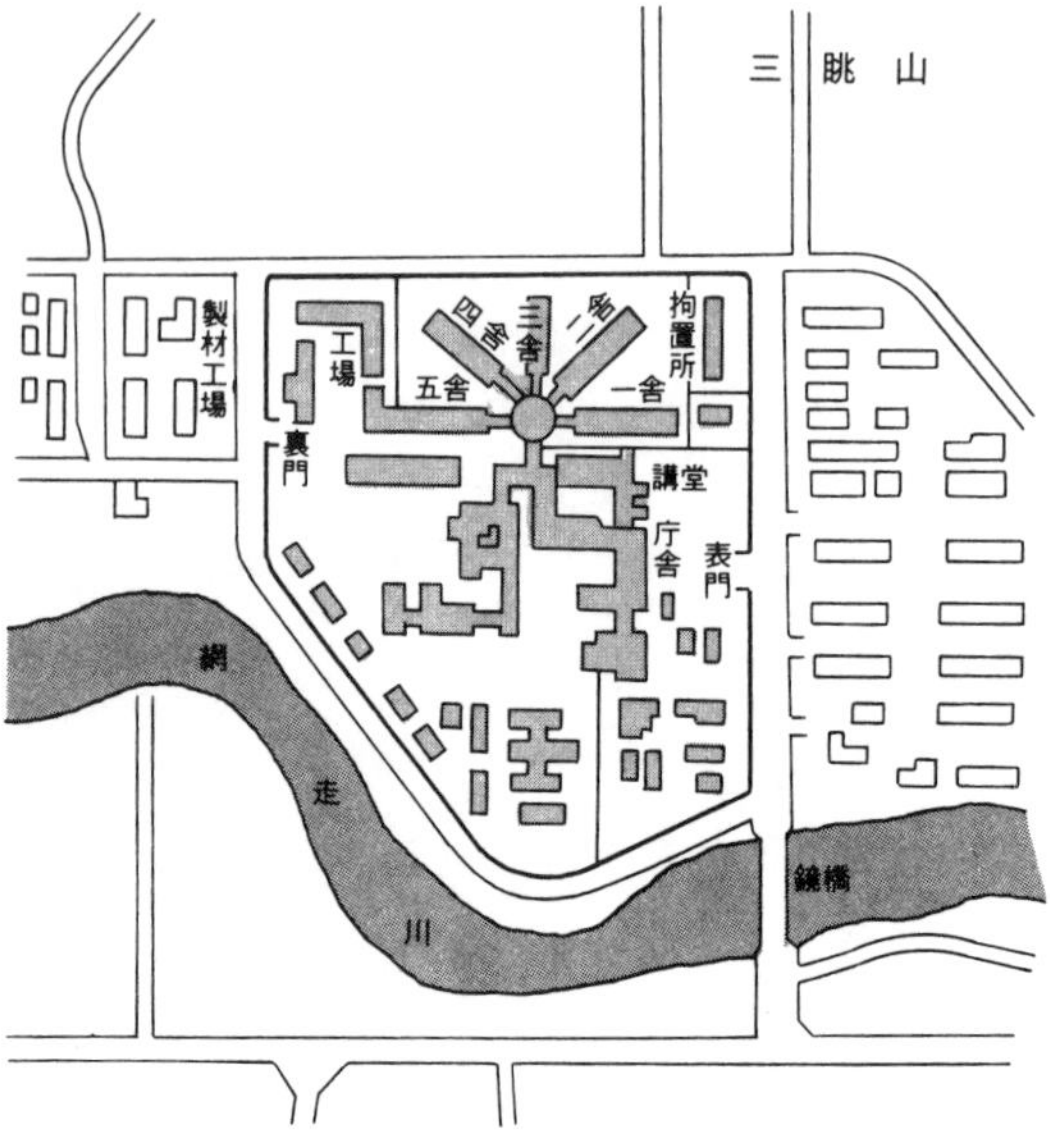

図4　網走刑務所配置図

なっている。この伝説の橋（昔、この橋を渡った囚人が網走川に映る己れの姿を見て囹圄《れいご》の身を悔いたという）が境界で、これから先は背後地の三眺山を含め、広大な刑務所の敷地になっている。

　観光シーズンになると刑務所通りに〝番外地銀座〟が出現するという。その通りをはさんで、左手に赤レンガの外壁がそびえ立ち、塀の頂きは風雪で石がひび割れ、雑草が風にカサカサと揺れていた。高さ四・五メートルの塀（刑務所建築準則で、外塀の高さは土台より四メートル以上と定められている）は、周囲が一キロあるという。正門は左右対称に鉄格子のはまった見張り所が付いた木造の門で、年代の古さを感じさせるが、破れたり、すき間があって痛みがひどい。

明治の面影を残した正門を入ると、正面に庁舎がある。和洋折衷の造りで、屋根は北海道には珍しい瓦葺きであった。

内部は当然のことながら鍵の世界で、一日が鍵にはじまり鍵に終る。どの扉にもノブがついていないのである。開けるときは鍵穴にゴツイ鍵を差し入れ、その鍵をノブ代わりにして扉を開いていく。どこへ移動するにも鍵がついてまわる。勤務中の職員の腰には、刑務官の象徴か？　黒い紐で吊った鍵束が革のケースに収まっていた。

獄舎内に入る。また鉄扉が開けられる。舎房の造りは放射形になっており、一舎から五舎まであった。中央に高さ二メートルくらいの六角形をした、半分から上がガラス張りの監視室があり、中に入ると、一人で五舎全体が監視できるようになっていた。ちょうど扇子の要《かなめ》の部分に中央監視所が位置している感じであった。

白鳥は四舎二十四房に入れられた。脱獄常習犯の彼を収容する監房は、ここでも特別の独房が用意されていた。網走刑務所での一年四カ月の生活は、狭い独房を一歩も出ることなく、手錠、足錠をかけられたまま、拘禁され続けた。

昭和三（一九二八）年の共産党員大量検挙事件「三・一五事件」で、治安維持法違反に問われ懲役刑を宣告された徳田球一は、網走での生活を『獄中十八年』（講談社学術文庫）にこう記している。

「……ただ寒かった。骨のずいにしみとおるあの言語に絶する寒さは、六年間の網走生活の記憶を、いまもなお冷たく凍りつかせている――。真冬には零下三十度にさがることも珍しくなかった。そんなときには暖房の入った監房のなかでも、零下八度とか九度とかをしめす。吐いた息が壁に当ると見るまに凍りついて無数の金平糖《こんぺいとう》が出来る。金平糖は壁にだけ出来るとは限らない。うっかりすると眉毛の先や鼻の頭にも出来る。しょっちゅう気をつけて鼻をもんでいないと、やけどのようにドロドロに腐ってしまう……」

徳田と白鳥の受刑期間は前後しているが、真冬の寒さは変わらなかったであろう。その厳寒の中に、白鳥は夏物の単衣一枚で独房に放り込まれた。

「網走のときは俺も死ぬと思った。冬は想像を絶するる寒さで、吐く息が両手を縛った革バンドの上ですぐ霜になって、フーッと吹くと白い粉になって舞って、髯《ひげ》なんか、バリバリに凍ったもんだ。

着物は単衣を着せられて、体はしびれて感覚なんかなかったな。

なにしろ逃げるまで体の自由なんかなくて、イモ虫みたいに房の中に転がされ、飯なんか口だけでアルマイトの食器をくわえて喰うありさまで、犬以下の生活だったな。ほんとに、網走のときは、俺もダメだと思ったよ。

また、夏は反対に刺し子みたいな厚い綿入れを着せられて、手錠や足錠はほとんど外してくれなかったから、蛆《うじ》が湧いてきて、生きてる人間にも蛆が湧くことをあのときはじめて知ったね――。くそまみれで、その上、蛆まみれの生活だったんだ。

その蛆が、ぞろぞろ床板のすき間に入って、いつの間にかハエに孵《かえ》って、明り窓の金網に黒くなるほどべったりとくっついてね、ほんとに生地獄の生活だったな。

それで俺は、網走にいると本当に殺されると思って、半年前ぐらいから逃げることを考えたんだ。体力をつけるために飯だけは一粒も残さず喰ったんだが〝くさい飯〟で、とうもろこしと米くずの混ざった飯だった。食器に歯形がつくほど夢中になって喰ったことを、今でも覚えているな」

白鳥は網走の生活をこう語る。地獄からの脱出、彼にとって網走刑務所からの脱獄は生死を賭《と》した闘いでもあった。

判決文は次のように書いている。


被告人は之では生命にかかわるから何とかして脱出しようと考え、昭和十九年三月頃からその準備に取りかかり、先ず手錠のナットを戻して之を外し……。


また、脱獄の方法について白鳥はいう。

「体は革バンドで縛られ、重さ四貫目ぐらいはある太い鎖でつながれた手錠と足錠は、看守が二人がかりでナット締めをしたもんだ。俺はそれを外すのに苦心したんだ。だけど、〝人間が作ったもんは必ず壊せる〟という信念が俺にはあったから、毎日、看守のすきを見ては手錠と手錠をぶっつけ合わせ、ナットを歯で何万回となくかんだんだ。同じ作業を昼も夜も、半年

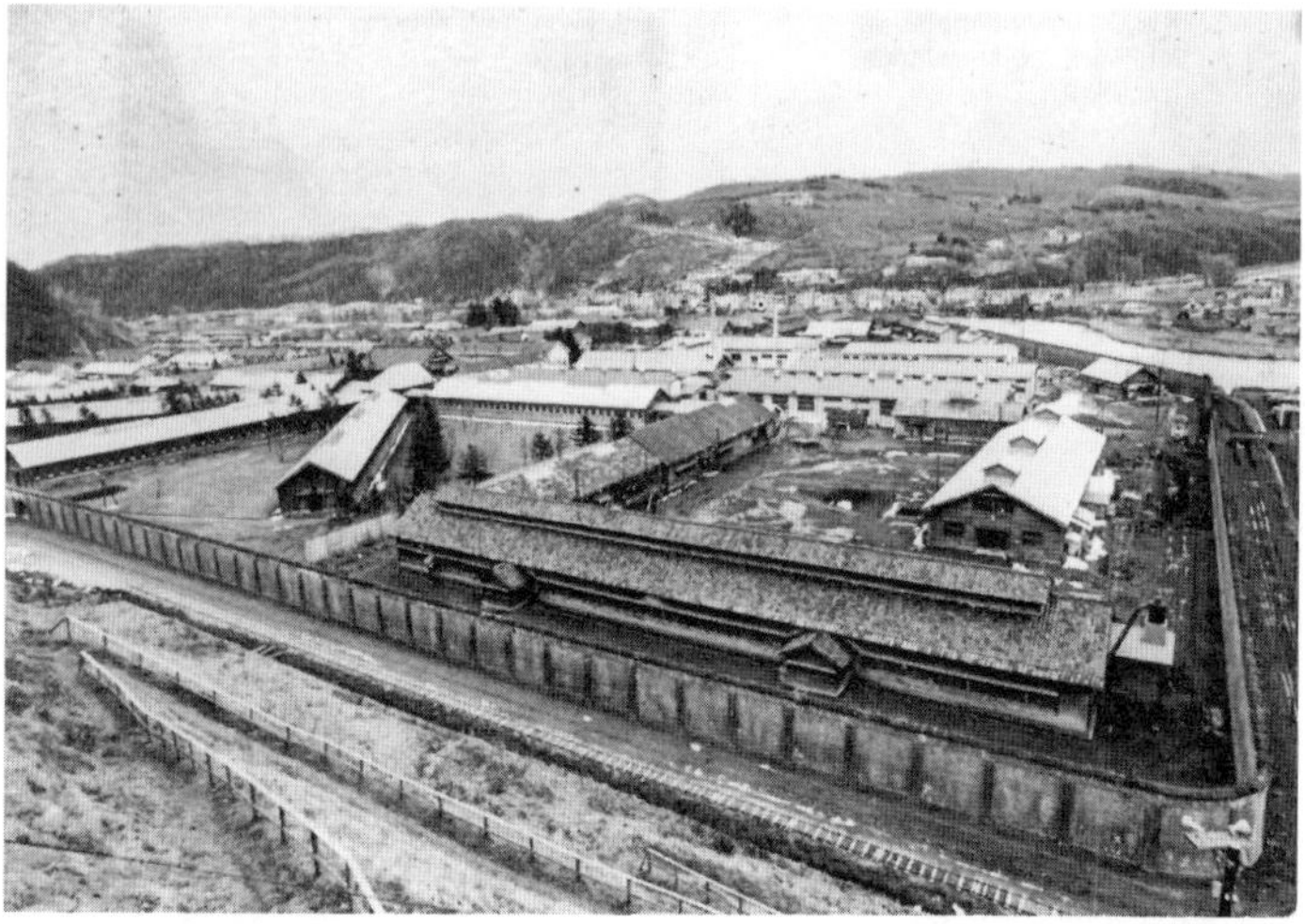
第3回の脱獄に成功した網走刑務所全景。1891年に北海道集治監網走分監として独立する。

ぐらいやってたな。歯が二本折れたけど、そのうちにナットがゆるんできたんで、歯でナットを回して手錠を外し、足錠の方も同じようにぶっつけて壊したが、案外簡単に外れたな。

逃げる時期は夏を選んだが、その日が来るのが気の遠くなるほど長く感じられた。冬逃げれば、寒さと、飢《うえ》で死ぬことは分かっていたから、夏を選んだんだ。あの日は朝から天気が良かったが暑くて参った。逃げたのは暗くなってからで、舎房は灯火管制でうす暗かった。そして、星がきれいな夜だったことだけは、ハッキリと覚えている。

それでも、逃げる日は親切にしてくれた看守が休みの日を狙ってね。その看守さんに迷惑をかけちゃあ気の毒だと思ったからだよ」

『北海道警察史』は、脱獄の状況を次のように記している。

普通の手錠は難なくねじ切ってしまうため、逃走を恐れた刑務所では、特製の手錠をして監視を厳重にしたが、二〇キロに近い鉄製の連鎖錠までも、長い間歯でかみ減らして切断し、十九年八月二十六日、大暴風雨の夜を利用して難なく脱走したのである……。

脱獄した正確な日時について白鳥は記憶していなかったが、昭和十九（一九四四）年八月二十六日、午後九時前後というのは間違いないようだ。ただ『警察史』の「大暴風雨」という記述と、白鳥の証言にあった「朝から天気で、星のきれいな夜」という記憶は大きくくい違うので、わたしは当時の天候を網走測候所の『気象日報原簿』であたってみた。

《一九四四年八月二十六日。快晴。気温最高二八・一度。最低一九・七度。南の風四・四米。湿度九六パーセント。降雨なし。日照時間十一時間》と、当日の観測データーが保存されていた。二十六日は、網走地方に台風の接近、上陸はなかった。

『北海道警察史』の記述は原資料の誤りか、それとも状況設定を意識的に作りかえたということなのか。

刑務所側の公式記録（網走刑務所の沿革）には、

昭和十八年四月二十五日特種不良受刑者として準強盗致死逃走等で無期懲役の白鳥由栄が東京拘置所（筆者注…小菅刑務所）より移送された。同人は当時堅牢を全国に誇る秋田刑務所の独居房を超人的行動で破獄逃走し、他に逃走一件あって革手錠を破り、金属手錠をも引きのばす怪腕力をもつものであるが果して収容以来捕縄手錠をズタズタにしたり曲げたりしたもの数十本であったので特別の金属手錠を施用厳重隔離をしていたが昭和十九年八月二十六日午後九時十七分頃折柄の灯火管制中で半減電灯のうす暗いのに乗じて金属手錠を引きのばして、その一端で居房視察窓の鉄棒を引き抜いて、褌一本の裸体で居房を抜け出し廊下から天窓まで昇り天窓の採光（格）子を頭部で突き破って屋根上に出て、屋根伝いに同舎房右端まで来り飛下り、煙突支えの梯《ママ》子を取り除して外塀にかけ、遂に脱出逃走した。


と、脱獄の状況が具体的に書き残されているのだが……。

網走脱獄の理由も彼の性格の一端をよくあらわしている。

白鳥はいう。

「俺は看守にいってやったな。絶対ここを逃げてみせると――。俺は一人、あんたらは大勢だ。塀の内側で捕まれば俺の負け、外に出れば、たとえ死んだとしても俺の勝ちだとね。それと網走に入所した当初は戒具が手錠だけだったが、看守の扱いが酷《ひど》く、それに横柄な態度でなじるんで、俺も頭にきて手錠をブッチ切ってしまったが、そのたびにゴツイ手錠を代えられ、四回目からは手錠と足錠をはめられたんだ。

　風呂なんかは一度も入ったことがなく、房の中で一週間に一度、看守が水で体を拭くだけだった。また食い物にしたって三食、出ることは出たが、飯はいちばん量の少ない八等飯（筆者注…主食の量は作業内容に応じて一等から八等までに区分されており、一等食は三合、二等食は二合八勺といった具合に等級差は二勺きざみで減量され、八等は一日一合六勺の量目であった）で、オカズはタクアンと菜っぱが二、三枚浮いた味噌汁の色をした塩汁だけで、副食の魚なんか、めざしみたいに小さいのが二匹、十日に一度出るか出ないかといった状態だった。

それと房の外には出してもらえず、一年以上も運動はさせてもらえなかった。その間、房の中でジーッとしていることに耐えられたのは『なにがなんでも逃走してやる』という、その気持が俺の心の支えになっていたんだな。だから人間、その覚悟さえつけば、どんな仕打ちにも耐えていくことができるんだ」

私は白鳥に質問してみた。

――脱獄の理由が看守に対する憎悪心で固まっていたみたいですが、多くの関係者に聞いた話では、白鳥さんが何回も逃げたお陰で降格、左遷《させん》、中には責任をとらされて首になった職員もいるということですが、ご存知ですか？

「その話は後になって俺もいろいろと聞いたが、今は本当に気の毒なことをしたと思っている。

しかし、あのとき（脱獄時）は生きるか死ぬかの瀬戸際

網走刑務所　外の見張台

に立っていたので、看守の立場を考える余裕なんてなかったんだ。捕まれば殺される状態だったんだ。

だけど、俺に親切にしてくれた看守が勤務しているときだけは逃げないで、俺を酷く扱って看守のときだけを狙って逃げたんだからな」

と、看守の善悪について弁じる。

当時の白鳥の生きがいは、脱獄がすべてであった。それは看守に対する復讐。そして、自己に課した試練でもあったわけだ。

網走の脱獄でも、白鳥は脱獄の美学を見事に実践して見せてくれることになる……。

網走脱獄の報は、二日後に〝無期懲役犯人脱走〟と見出しを付けたベタ記事十行たらずで新聞の片隅に載った。

――網走刑務所に服役中の青森県東津軽荒川村生れ白鳥由栄（三八《ママ》）は、二十六日午後九時十五分頃監房を壊し逃走した。白鳥は強盗・致死・窃盗で無期懲役に処せられたが逃走の名人で、今まで六回《ママ》も手錠を壊し逃走を企てたことがある。――（北海道新聞、昭和十九年＝一九四四年八月二十八日付）

また、脱獄の状況を『北海道警察史』は、次のように記録している。

網走刑務所中央見張所

青森と秋田の刑務所から、一回ずつ脱獄歴がある殺人犯・白鳥由栄が網走に送られてきたのは昭和十八年の夏《ママ》だった。凶暴な性格だったうえ、脱獄囚ということで、ことさら厳重な監視の目がそそがれていた。独房の中で、鎖の重さが二十キロもある太い鎖でつながった足錠と手錠をかけられていた。ところが、一年後の十九年八月二十六日、大暴風雨の夜、独房からこつぜんと消えたのである。独房の中にはすっかり摩滅して、ちぎれた手足の錠と鎖が残っているだけだった。どうやってすり減らしたのか、いまもって定説がない。絶え間なく鎖と錠をぶつけあったという説や、歯で何千何万回となくかみつづけたという説、あるいは小便をかけてさびさせたという説もある。また、独房をどうやって抜けだしたかということも最終的にはナゾのままだ。

ただちに刑務所側は警察と軍にも応援を求めて数百人にのぼる大捜査網を敷いたが、約二カ月にわたる必死の捜査も空しく、その行方はようとしてわからないまま二年間が過ぎ去った。（傍点は筆者）

では、実際の脱獄はどのようにして実行されたのか。白鳥は、生死を賭けた大脱獄を饒舌《じょうぜつ》な口調で語る。

「網走の獄舎も木造で扇型の造りになっていて、懲役が容れられる監房は一舎から五舎まであり、俺が入れられたのは監視所とは目と鼻の先の四舎二十四房だった。網走は最初から手錠をかけて独居に入れたので、俺は看守に外してくれるように頼んだんだ。でも看守は、規則の一点張りで手錠を外すどころか『外したければ自分で外してみろ』なんて俺を挑発するんで、こっちもカーッと頭に血がのぼって『ヤッテヤル』といって、上膊部を両脇に押しつけて胸の上で手錠を交差させ、鉄環をネジ切ったんだ。

その時の看守は俺の顔を見てポカーンとしていたが、気づくと、慌てて非常ベルを押しに走っていったな。手錠を壊したのは三回だが、それ以後は特製の手錠と足錠をハメられたんだ。ここを抜け出すときは一切、道具を使うことが出来ず、五体（身体）だけで抜けたんだ。房の外に出るために目をつけたのが、房扉に取り付けられている長方形の視察口で、これには鉄格子の枠がボルトで留めてあった」

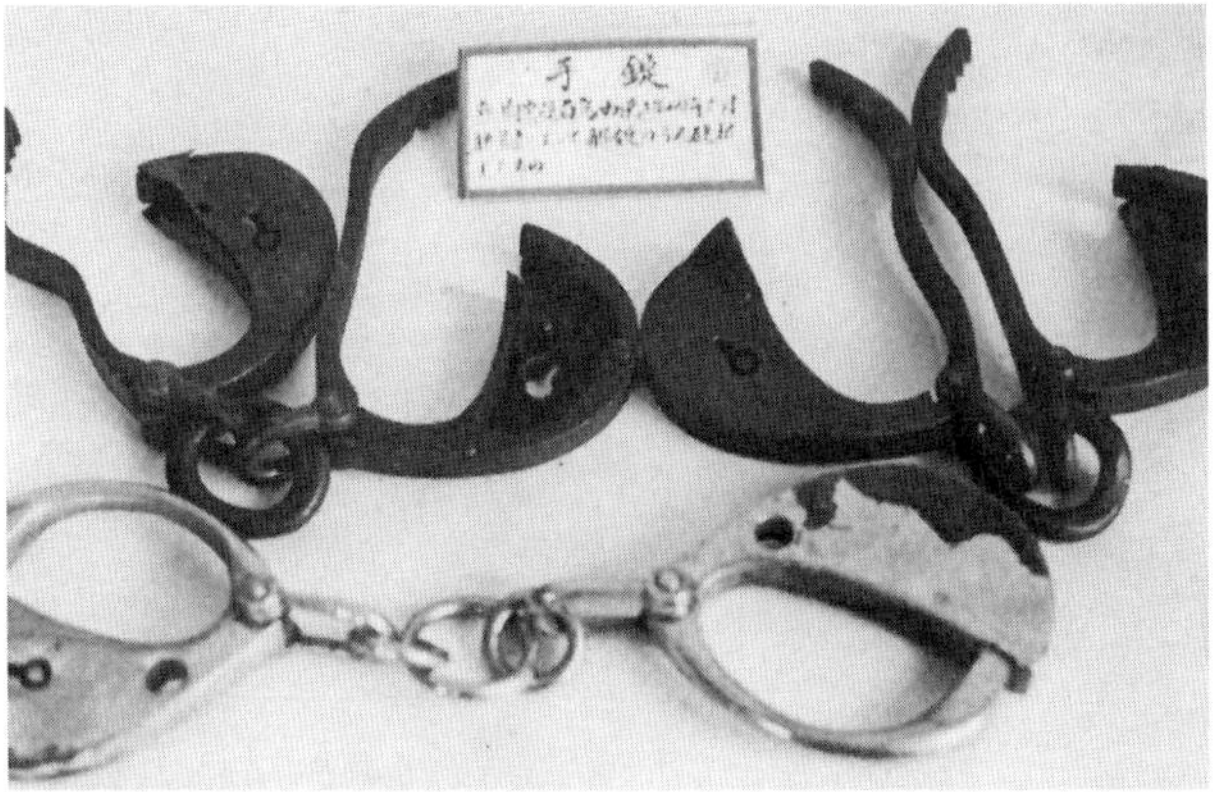

網走在監中に白鳥が壊した手錠

松材で出来た扉に取り付けられた視察口は床から一・四メートルの高さにあり、大きさは縦二〇センチ、横四〇センチで、五本の鉄棒が縦に鉄枠に溶接されてあった。白鳥が目を付けたのはその視察口で、鉄枠を外すことができれば体を抜くことが出来ると計算し、先ず実行したのは松材にボルトで留めた鉄枠の隙間に味噌汁の塩汁を垂らすことで、時間をかけ松材を腐らせ、鉄枠を留めてあるボルトを浮かすことだった。

毎日、朝と晩の二回、塩汁を垂らす作業を半年余り続けると、さしも頑丈なボルト留めの鉄枠もボルトの部分が浮きはじめ、両手で鉄枠を数十回、強く揺するとズレるようになった。作業は一カ月、二カ月……と鉄枠を外すことに専念した。

「手錠と足錠をかけられたままだったので、汁は腹ばいになって口を食器の中に突っ込んで吸い、口に含んだ塩汁を鉄枠にかけたんだな。最初はなんの変化もなかったが、三カ月ぐらいたつと鉄枠に錆が出てきて、頭で鉄枠を何回も押すとボルトを留めてある木と鉄枠の間に隙間ができたんだ。それからはその隙間に塩汁をかける作業を繰り返して、下の部分をガタガタにしたわけだ。俺の頭が枠に入る大きさなので、頭が入れば、俺は両肩の骨をはずすことができるので、房扉の外に出る自信があったんだ。

そして、できるだけ身軽になる必要があったので、身に付けたのは褌《ふんどし》一本だけだった。決行したのは就寝時間が過ぎて一時間もたっていなかったので、時刻は十時ごろだったと思うな。逃走するときは、一旦、敷いた布団をかたづけて、布団の上に赤テンを整頓しておいてきたんだ。手錠と足錠は留め金のナットをゆるめておいたので、当日の検査が終ったあとで、ボルトを歯で抜いて外しておいたというわけだ。そして、手錠、足錠は鎖付きのまま、房の中にある便器の横に転がしてきたんだ。

十時前後という早い時間を狙ったのは、この日にかぎって停電があり、看守の交代時間が遅れ、巡回の間隔が長びいたので千載一遇の機会になったわけだ。あの当時、刑務所は灯火管制が実施されていて、房の窓には暗幕を張って光が外にもれないようにしていたので、夜の舎房は暗かったな。

出るときは両肩の骨をはずしておいて、視察口に頭を突っ込み、足で房扉を蹴るようにして身体をせり上げて、舎房の廊下に肩から落ちたんだな。そして廊下に立つと肩の骨を入れて、もう一度房扉をよじ登って、桟《さん》木で組んだ舎房の天井まで辿りつき、そして、桟木を伝わって採光窓まで這ってゆき、頭突きで採光窓のガラスを破って舎房の屋根に出たというわけだ。でもな、ガラスを破ったときは音がして破片が廊下に落ちたんだ。そのときは一瞬、発見されたと思い、息が詰まってしまったな。

屋根に抜けると瓦の上を四つん這いになって舎房のいちばん端まで行き、舎房の窓枠を伝って地上に降りたんだ。地面に足がつくと、少しの間、舎房の壁に身を寄せてジーッとしていた。それから、舎房の横手にある舎房区と工場区の境を仕切っている二メートルぐらいの板塀を乗り越えて、工場の建物に近づいたんだ。

目的は梯子探しだった。最初は舎房のストーブの支柱を引き抜こうとしたんだが、監視所に近いところにあって発見され易いので、それで、無人の工場のストーブの支柱に目をつけたんだな……。

それは煙突の支柱で、結んであった針金をはずして支柱を引っ剝がし、そいつを抱えてレンガ塀のところまで運ぶと、あとは、その支柱を梯子がわりに利用して高塀を乗り越えたというわけさ。

説明するといかにも時間がかかったようだが、これらの手順は、正味二十分とはかかっていないはずだ」

控訴審判決では、脱獄の経緯を次のように判示している。

被告人に対し親切に取扱ってくれた看守が勤務する時を避けて、苛酷な処遇をしたと思う看守達に報復するため其の看守らが出揃う日を待っていたが、同年八月二十六日その時期到

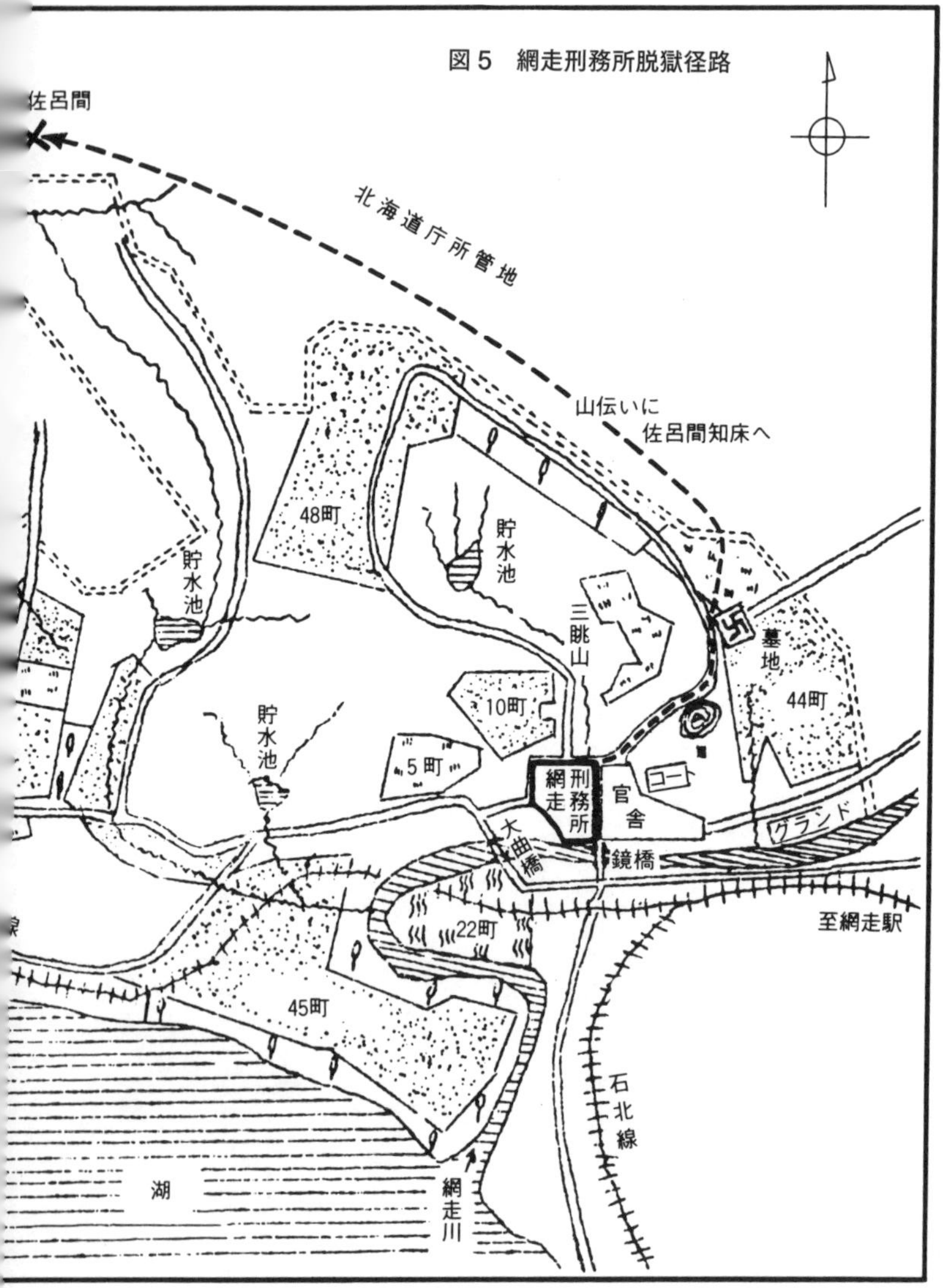
図５　網走刑務所脱獄径路
佐呂間
北海道庁所管地
山伝いに
佐呂間知床へ
48町
貯水池
三眺山
墓地
44町
10町
5町
網走刑務所
官舎
コート
グランド
大曲橋
鏡橋
至網走駅
22町
45町
湖
網走川
石北線
線

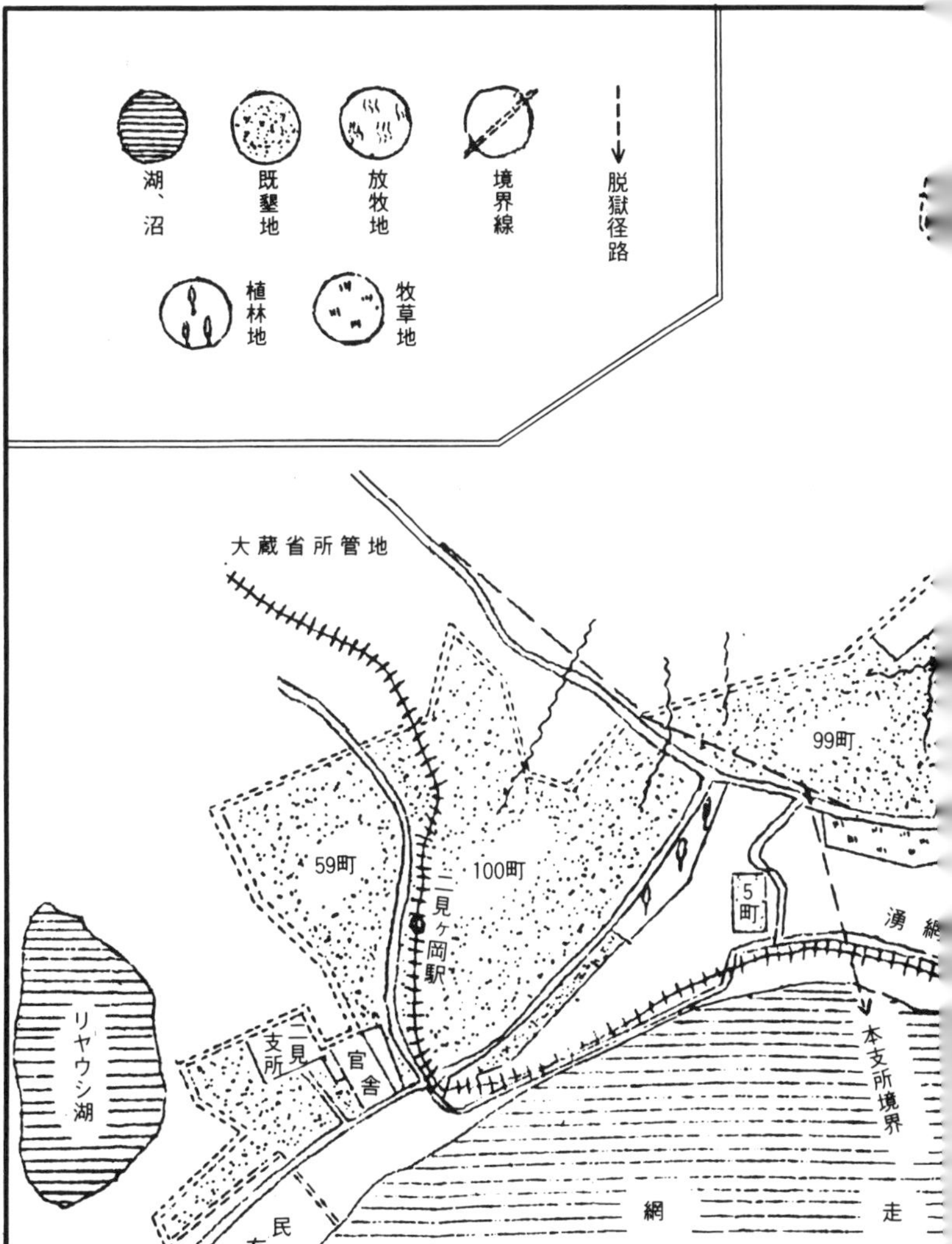

湖、沼
既墾地
放牧地
境界線
脱獄径路
植林地
牧草地
大蔵省所管地
99町
59町
100町
二見ヶ岡駅
5町
湧網
リヤウシ湖
二見支所
官舎
本支所境界
民有地
網
走

来したので、同夜九時頃担当看守の隙をうかがい手錠足錠を外した上、視察窓の鉄格子を取外し全裸体《ママ》となって同窓から下に飛び出し監房の扉の横桟《さん》等を伝って天井に登り、採光窓の金網張の硝子等を手で破り、屋上に出て、一旦地上に下り舎房と工場との中塀を越えストーブの煙筒の支柱を引抜いて梯子代りに使用して、外塀を乗越え同刑務所の構外に遂に脱出し以って拘禁場等を損壊して逃走し――

白鳥は所内の動向を、どのようにして入手していたのか。

「塀の外に出ると星明りで周りの情景も判別できたので、眼の前の山を目指して、一目散に駆けだしたんだな。そして、山中で一夜を過ごし、夜明け前に山伝いに西に向かったんだ。網走にいる間は独房を一歩も出ることはなかったが、刑務所のことは手に取るように分かった。というのは〝雑役〟、この仕事は囚人の世話役みたいなもんだが、その雑役から所内のニュースをいろいろ仕入れていたんだ。

四舎には外人の囚人が容れられていたことも知っていた」（筆者注…外人とは前述のブランコ・ド・ブーケリッチである）

新聞、警察史、刑務所記録、そして判決文と脱獄の状況は各々書かれているが、肝心の外塀を乗り越えるために用意した梯子を何処から入手したのか、その点が具体性に欠けており、白鳥の証言と付き合わせてみると、舎房を抜け出したあとは中塀を乗り越え工場の煙突支柱を外し、支柱を外塀にかけて構外に逃走したとみるのが、もっとも説得力のある脱獄の方法だと思われる。

脱獄計画は、東京から移送になって正月を過ごした昭和十九（一九四四）年二月頃から立てていた。理由はここでも〝虐待に対する抗議〟であった。入所してから脱獄するまでの一年四カ月間、白鳥は独房から一歩も出ることなく、ただ、逃げることだけに全神経を集中させ、策を講じていた。

白鳥のいう〝五体〟だけを武器に、手錠・足錠を壊し、味噌汁の塩汁を利用して気の遠くなるような作業を続け、見事、視察口の鉄枠をはずすことに成功した。

脱獄の手順については前出の『北海道警察史』に書かれている（傍点の部分）のが常識的な結論であったが、白鳥は証言で、常人の及びもつかぬ手口を明してくれた。

脱獄の話が市民に伝わると、街は大騒ぎになった。当時の様子を網走生まれの須田亀吉（七十六歳）は、私に、

「白鳥が逃げたときは、そりゃああんた、街中えらい騒ぎになってね。当時、私は四十三になっていました。体が弱くて補充兵にもなれませんでしたが、警防団に召集されて、山狩りの一員として白鳥を追ったもんですよ。

最初は凶悪犯が逃げたということで、事情がよく分かりませんでしたが、警察からの通達で白鳥の前歴が分かると緊張しました。

なにしろ軍隊や在郷軍人会の人たちまで出動して、総勢七、八百人で捜索が開始されたんで

す。捜索隊は二隊にわかれ、一隊は山側、もう一隊は海岸沿いに交代で二カ月近く追ったんですが、とうとう、白鳥の行方は分かりませんでした。

そのうち、日本が戦争に負けるという噂が流れたり、女満別《めまんべつ》の飛行場がソ連に襲撃されたなんていう話が伝わったりして、非常時の時代でしたから、白鳥の脱獄もそのうち人の話題にものぼらなくなってしまいました。しかし、網走では、あまりにも有名な脱獄事件でしたな。網走に昔から住んでいるものなら白鳥の話を知らんものはいないでしょう」

と、桂町の自宅の居間で語ってくれた。（昭和五十一年＝一九七六年十一月取材）

警察では、白鳥の手配書を配布していた。

身長五尺四寸、筋骨逞しく顔は丸く、髪・眉・髭ともに濃く、脱獄の際は赤褌一本つけたのみ。発見者は警察に通報也

刑務所当局が白鳥の脱獄に気付いたのは、逃走後一時間もたたぬ午後十一時十分頃であった。〝事故発生〟の連絡は四舎の担当部長を経て当直看守長に知らされ、緊急幹部会の後、非番の職員にも非常呼集がかけられた。捜索隊が編成され全員拳銃携帯で白鳥の追跡をはじめるとともに、刑務所側から網走警察署にも応援と捜索要請が出された。しかし、夜間のため、本格的な捜索は翌日からはじまった――。

脱獄後はどのように過ごしていたのか。白鳥は当時を述懐する。

「翌朝、暗いうちに山伝いに西に向かったんだが、途中、開拓農家に忍び込んで食糧と衣類を盗んだんだ。農家だからあまり物がなくて、大豆、ジャガイモ、麦、それと、つぎはぎだらけの野良着一着だけだったが、そのときは申し訳ないと、手を合わせて盗ったんだ。

刑務所からどのくらい離れたのか見当がつかなかったが、俺の勘では、二〇キロぐらい遠のいていた感じだった。場所の移動は秋口までせずに、その間、能取《のとろ》の開拓農家の近くの山中で過ごしていたんだ。

北海道は夏が終るとつるべ落しの秋で、朝晩の気温は急に冷え込むようになったので、本格的な冬ごもりをするために適当な場所を探して、能取から中佐呂間《なかさろま》（筆者注…網走から湧網《ゆうもう》線沿いに約五キロの地点。常呂《ところ》と佐呂間の中間で能取湖の近く）へ。地名がわかったのは山林の掲示板を見てだが、その中佐呂間の山中まで湖に沿って山伝いに移ったんだ。そこで理想的な洞窟を見つけて、俺は生活をはじめたんだな」（中佐呂間山中の生活は二年余りに及んだ）

次いで白鳥は、中佐呂間山中の生活について話しはじめたが、〝サバイバル精神〟の旺盛さに圧倒されてしまう。

「山中に入ったときは、川伝いに上流に向かったんだが、まさか、廃鉱跡があるとは予想もしていなかった。廃鉱は鉱石を掘った跡で同じような廃鉱がいくつかあったが、そのなかで、奥が落盤で埋まり広さが十坪くらいあった廃鉱跡を棲《す》み家にしたんだ。穴の入口は高さ二メートルくらいあって、最初にやった仕事は、穴の入口を隠すため雑木や蔦《つた》を集め、入口の覆《おお》いを作ることだった。それと、寝床に敷く干しわらや枯草も随分と集めたな。

それでもいちばん困ったのは火と食糧で、夜になると人里に下りては、開拓農家の数軒から調達したんだ。火はカマドからボロ布に移して、火種をフーフー吹きながら穴まで持って帰り、その火は洞窟を出るまで大切に使って絶やさなかった。食糧は麦や雑穀、それに、畑の野菜も盗んだが大半は野生の、なんていう名前かは知らないが、果実や食用になる芋を掘り、ほかには、熊が沢の岩をどかして魚や蟹を捕るのを見て、それを真似て、熊が遠ざかっていくのを確かめてから、魚や蟹を捕って、食糧のたしにしていたんだ。

山に雪が降りはじめたのは十月の初めで、月の見当がついたのは一冬、刑務所で過ごしていたので、十九（一九四四）年の初雪もおそらく十月の初めだったと思う……。

中佐呂間に落ち着いて約一カ月間は、冬ごもりの食糧と衣類を確保するため、夜はほとんど毎日、里に下りて農家や民家に忍び込んでは、少しずつ盗んでいたんだ。それでも、不思議と盗みが発覚することもなく、追手に発見されることもなかった。

山中の生活でいちばん恐かったのは羆《ひぐま》の出現で、一度は駄目だと思ったことがあった。そのときは子連れの羆だったが、俺は、その親子羆に追われて立木に逃げたんだが、羆はジリジリと立木に登ってきて、もう、それ以上は登れないという所まで追いつめられて、そのときは夢中になって木を揺すると、羆はドスーンと滑り落ちて、それっきり登ってこなかったが、あのときは本当に命拾いをしたな。

また、冬の間は出歩くと足跡から発見されると思い、用心してほとんど穴から外には出なかったが、十日に一度くらいは夜、雪が降っているときに外の様子を探るため、人里に下りたこともあった」

白鳥の記憶は、暗号メモと称するノートに書き込まれた備忘録にあったわけだが〝五感〟の総《す》《べ》てを働かせて脱獄に挑んだ男だけに、記憶の正確さはたしかなものだった。網走の脱獄に成功したのが昭和十九（一九四四）年八月二十六日、秋には中佐呂間の山中で山ごもりに入り、明けて年は昭和二十（一九四五）年、終戦の年を迎えた。

――ところで白鳥さんは、終戦も知らずに山中で二年余りも生活を続けたわけですが、網走といい、札幌といい、二回とも同じように山ごもりの生活だったわけです。なにか逃走の秘伝といったものがあったわけですか。

「別に逃走の秘伝なんていうものはないがね。ただ、逃げるためには、これだけは固く守っていたな」

と、いって白鳥が語ってくれた〝逃走訓〟とでもいうべき〝四戒〟は、脱獄生活の知恵であった。

①一集落からたくさん盗むのは危ない。方々の集落から少しずつ盗んで回る。
②逃げたら山中深くもぐること。夜なら穴のようなところ。昼なら茂った木の上にいれば絶対安全。

③汽車やバスに乗らずに必ず歩く。昼歩きは禁物。人相、服装ですぐ分かる。
④道路は本道は危ない。橋だけ渡れば、あとは間道、獣道を歩く。

中佐呂間山中での洞窟生活は、新聞で日本敗戦のニュースを知ったことで、昭和二十一（一九四六）年六月二十一日に終った。その間、網走刑務所を脱獄して六六五日が経過していた。

「山中の生活は山狩りに遭うこともなく、平穏無事に過ぎていったが、なんともつらかったのは退屈したことだ。話し相手もいないし、だからよく野鳥を相手に気を紛らしていたんだ。俺は刑務所にいるときは笑ったことなどなかったが、山の中はそりゃあ、自由で楽しかった。それと、こんなこともあったな。

小鳥が、種類は知らないが十羽も二十羽も枝に止まっていて、先のほうに止まった小鳥が重みで枝からズリ落ちそうになると、驚いて飛び上る光景を見て、俺は腹の底から思いきり笑ったことがあった。それに人恋しくなって、人と話をしないことがあんなにつらいとは、あのとき初めて知ったんだ。

洞窟生活は冬の間、飯は朝と晩の二食にして保存食を喰いつないだ。主に喰っていたのは粉と雑穀を水で溶いて作った饅頭で、それを焼いて喰ったんだ。それと、獣道にワナを仕掛けて山うさぎやエゾ狸を捕えては二、三十匹は喰ったな。

生活の道具は鍋など石油缶で作ったが、皿や椀とか、それに塩や味噌、油や黒砂糖などは里から盗んできたものを大事に、少しずつ使っていたんだ。雪解けが始まると、天気のいい日には寝床の干しわらを乾かしたり、一日一回は山の上に行って下界を眺めていたな。

眺望といえば冬の天気のいい日は能取湖の方角を眺めると、オホーツクの海が流氷でギッシリと埋まり、太陽の光でキラキラ反射しているんだな。その流氷を眺めていると、昔、カムチャツカへ蟹工船の雑夫で出稼ぎに行ったことをよく思い出してね……。

北海道で知った土地は函館と小樽だけだ。当時、俺が十九のときだから大正十四、五(一九二五、六)年頃のことだと思うんだな。

仕事は割截《かっせつ》といって、蟹の脚を出刃で割って肉を取り出すさ作業だったが、朝二時に起こされ、夜は十時頃まで割截台の前で仕事をさせられたことが何日もあった。飯なんか握り飯とタクアンだけで、仕事をしながら口に入れ、割った蟹の棒肉を口に詰め込んだことも、よくあったな。

きつい仕事だったが、給金は三月《みつき》の一航海で、ゴールデンバット一箱が七銭の時代に三五〇円からもらって、そりゃあ、お大尽様だった。函館にも遊郭があって、俺の馴染みの娘《こ》は光子っていって、たしか年は俺と同じ十九だった。実家が百姓で、売られてお女郎さんになった娘だったので、俺は同情しちゃってね。航海が終ると、イのいちばんに光子の所へ駆けつけたもんだな。世帯を持つ約束までしたんだが、それが、光子のやつ、病気で死んでね。あのときは腹の底から泣いたんだ。五十年も昔のことだが、俺にも若い時分は、こんな恋物語があったんだ」

取材中、白鳥の口からはじめて艶聞を聞いた。その表情は私に見せたはじめての羞恥心でもあった。白鳥の顔は火照って見えた。

そして証言は続く……。

「日本が戦争に負けたことは、国民学校に忍び込み、新聞記事を読んで分かった。だが、その前からなんとなく様子がおかしくて、山の上にいるとよく日の丸をつけた戦闘機が千島のほうに飛んで行くのが目についたんだが、そのうちいつの間にか海のほうから、星のマークをつけた飛行機が飛んでくるようになったり、刑務所の方角に煙が立ったりで（筆者注…網走町が米軍艦載機の銃爆撃を受けたのは昭和二十年＝一九四五年七月十五日）、それで、俺も不安になってね、学校なら新聞が置いてあると思って、忍び込んで新聞を探したんだ。記事には別段、変わったことも書いてなかったし、一安心したんだ。

そして、その年も一冬山ごもりをして、一年ぶりにまた国民学校の職員室に忍び込んで新聞を探したんだ。そのときは、俺のことが新聞に出ていないか知りたかったんだが、ニュースを読んで、はじめは信じられなかったよ。日本が負けるとは――。

いちばん新しい記事を見ると、日付は昭和二十一（一九四六）年六月十九日になっていて、戦争は十カ月も前に終っていたんだな。それで俺も覚悟を決めてね、日本が負ければ俺みたいな重罪犯は、どうせ占領軍に死刑にされると思い、それならいっそ死に花を咲かせてやれと、山を下りる気になったんだ。

死に場所は決めてなかったが、札幌ならいちばん大きな街なので、そこで死んでやれと、一応は考えていたんだ。下山するときは洞窟の中に貯め込んだ食糧や衣類、道具などを整理して隠し、五寸ぐらい伸びていた髭をマキリ（アイヌの小刀）で綺麗にそって、さっぱりした格好で二日後に下山したんだ」

白鳥の大脱獄は山中で終戦も知らず六六五日を過ごした時点で中止になったが、網走刑務所の脱獄囚がこれほど長期間にわたり逃走に成功した例は創設以来、白鳥のケースをおいて記録にはない。

明治、大正、昭和と三代を通じて、網走刑務所脱獄の回数はそれほど多くはないが、中には白鳥由栄同様に伝説的な人物の名前が残っている。

『五寸釘寅吉』

彼は大正十三（一九二四）年九月、七十二歳で刑の執行停止により、網走刑務所から釈放された。

寅吉は十四歳のとき放火未遂の罪で無期懲役に処せられ、三重監獄に入監したのが刑務所生活のスタートで、同所を二回脱獄、逃走中静岡で、賭場荒しをやって二階からとびおり、逃げようとした。そのとき、木端《こっぱ》の五寸釘を踏み抜いたが、そのまま逃走したことから五寸釘寅吉の異名がついた。

西川寅吉

彼はその後東京で捕まり、樺戸《かばと》集治監送りとなったが、樺戸で二回、空知、釧路で各一回、都合六回の脱獄を図り、無期刑が三つ、徒刑十五年が二つ、懲役七年、重禁錮三年十一カ月が各一つと、三たび生まれ変わっても償いきれないほどの罪を背負ったが、網走送りとなってからは模範囚として生活し、生きて娑婆にもどっている。出獄後、五寸釘寅吉劇団を組織して全国行脚《あんぎゃ》、犯罪がいかにソロバンに合わないかを説いて廻ったという。

また、網走刑務所の脱獄の記録はほとんどが工場や郊外作業所からのもので、明治三十七（一九〇四）年二月には看守三人を縛って看守に変装し、囚人を引率するふりをして十六人が集団脱走したのも工場からで、大正五（一九一六）年八月、五人が脱走を企て、看守三人を殺害したのも郊外作業所であった。

独房の天井をぶち抜き、四・五メートルのレンガ塀を乗り越えて脱獄に成功したのは、網走刑務所九十四年の歴史の中で白鳥由栄が唯一のケースであった。

白鳥は昭和二十一（一九四六）年六月二十一日、中佐呂間の山中から二年ぶりに娑婆に舞いもどった。洞窟を後にした白鳥の足取りは山伝いに遠軽《えんがる》に抜け、昼は草むらに身を潜め、夜は人通りの少ない道を選んで石北《せきほく》線沿いに上川、愛別と過ぎ、旭川は市街地を迂回して深川から滝川に出て、空知郡砂川町（当時）に辿り着いたのが同年八月九日のことであった。

砂川町では後日、札幌地方裁判所で死刑の判決を受ける殺人事件を犯すことになるが、中佐呂間を発《た》って現場の砂川町に辿り着くまでの五十日間、どこでなにをやっていたのか。

白鳥の話は続く。

「洞窟を出てからは、俺の決めた〝四戒〟はキッチリ守って札幌を目指したんだ。方角を決める方法は、秋田のときと同じように鉄道線路を目標にして山歩きをしたんだが、北海道は広くて、最初、遠軽に辿り着くまでは山越えばかりで、獣道にも迷ったことがあり、十日くらいかかって遠軽の街を見下す山まで来たんだ。汽笛の音を聞いたときにはホッとして、気が抜ける思いだった。

それで山歩きだと鉄道線路を見失ってしまうと思い、遠軽から先は鉄道線路に沿って、歩くことにしたんだ。どうして遠軽を目標に選んだのかというと、国民学校に忍び込んだときに地図を見て札幌までの鉄道コースを記憶しておいたから、最短距離が〝石北線〟だと分かっていたんだ。

逃走中の格好はちぐはぐないでたちで、単衣《ひとえ》の着物にリュックを背負い、地下足袋を履いていたんだが、道中、何回か人と会っても、別に誰何《すいか》されることもなく、俺の格好なんかには無関心だったんだな。それでも、警察の目だけは警戒していたが、二、三度見かけた交番の巡査はサーベルも吊っておらず、夏だというのに黒ラシャの制服にゲートル姿で、腰に警棒を吊っていたんだ。その姿を見て、世の中、随分、変わったと思ったよ。

それと、一度、こんなことがあったな。旭川の手前の街で、通行人に駅はどっちにあるのかを聞いたんだ。そのときの気持は人と話をしたくて、ただ、それだけの気持で口をこわばらせながら話しかけたんだが、その男の人は親切に『駅では経済取締をやっているから、今は行かないほうがいいですよ』って、教えてくれてね。俺を買出しの人間と間違えたんだが、そのときは二年ぶりに人と話ができて、本当に嬉しかった。

それと、汽車が満員で客車のデッキまで荷物を背負った人があふれ、あの時代、買出しは大変な仕事だったんだ。

下山のとき用意した食糧は遠軽の近くで底をついてしまったので、あとは、農家で三日に一度の割りで盗んでは調達して、喰いつないできたんだ。寝る場所は夏だったので野宿でも寒くはなかったが橋の下、農家の家畜小屋で寝ることが多かったな。

でも、不思議とあのときの気分は追われているという実感がなくて、なんか、自分も札幌に買出しに行くという、そんな気分になってしまって……。

自殺する気持が委《な》えてしまったのは、途中、旭川の街に寄ったときアメちゃんと日本の女がくっついて歩いている姿を見て、日本はアメリカに完全に占領されてしまったんだと、それで、なんか、自殺するのも馬鹿馬鹿しくなってきて、気持が遠のいてしまったんだ……。

それで、まあ、札幌に行く目的もなくなってしまったんだが、旭川に来たんで、ついでに札幌まで出てみようと、深川、滝川を通って砂川まで来たときに、あの〝殺人事件〟に出くわしてしまったんだ」

自殺を断念した理由が〝米兵と日本女性が連れだって歩く姿〟にショックを受けたと白鳥は話すが、札幌に向かった本当の理由は家族に会うために青森を目指す、単なる通過地点として札幌の地名が頭にあったにすぎなかったのではないのか。その点を白鳥に質《ただ》してみた。

「家族に会いたい気持はあった。しかし、脱獄の一件で当然、青森にも手配が回っていると思い、もどることは考えていなかった。札幌行きは自殺の気持が失《う》せると、ただ、なんとなく出て見たいと、その程度の判断しかつかなかったんだな。

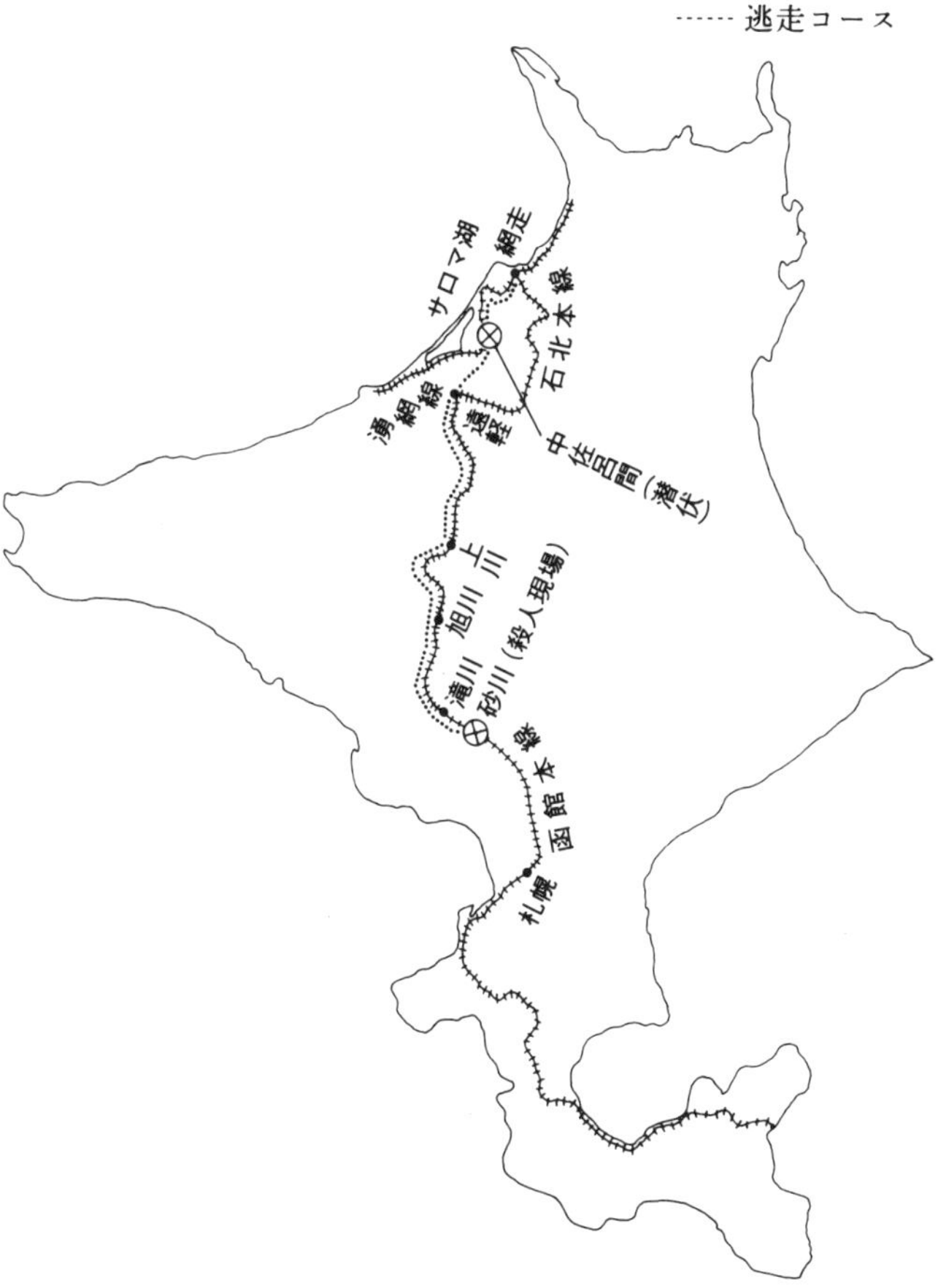

図６　網走刑務所脱獄後の逃走コース

それよりも、砂川の事件はまったく予想外のことで、札幌を手錠姿で訪ねるとは想像もしていなかった――」

中佐呂間を発って遠軽まで山中を通り、石北線沿いに上川、愛別、旭川、滝川を経由し、砂川まで鉄道距離にしておよそ二二〇キロを五十日かけて踏破した白鳥だが、砂川の殺人事件が後日、裁判で一審〝死刑〟の判決を言い渡されたことで、四回目、最後の脱獄を図ることになる。

砂川町の殺人事件について判決文は次のように論じた。

（八月九日）同夜十時頃、同町北本町共親町内二百八十七番地、高橋鶴吉の野菜畑の作道に入って行った際、偶々《たまたま》野荒を警戒中の同人に呼び止められ、同人及び木刀を携えて応援に来た鶴吉の養子大谷進一（当時二十三歳）に泥棒と看られ、最寄の警部補派出所に同行を強いられ前後を護られて本道まで連行された。（中略）

被告人は何れも泥棒はしていないから品物を調べてくれと申立てた。しかしどうしても聞き入れてくれないため此場を逃げようと思って懐中にしていたマキリと称する短刀で、矢庭に進一の背後から同人の腰の辺りを目掛けて突刺し下背部に傷を負わせ素早く後方へ逃げ出したが、二十間程で進一に組付かれ木刀で強打されたので、右短刀で向って来る進一を盲滅法に突いて其の怯む隙に逃走、其の結果進一をして同月十一日午前三時五十分砂川町立社会病院で右下背部の刺創に基く出血に因って死亡するに致らしめたものである。

しかし白鳥は、この事件については今でも殺人ではなく、正当防衛だったと固執する。

「百姓の親子に野荒しと間違われて、木刀でさんざん殴られてね。あのときは本当に殺されると思ったので、夢中でマキリを若い男に刺してしまったんだ。殺す気持なんて全然なかったから、一審、二審とも俺は裁判で正当防衛を主張してね。その裁判のとき、俺の弁護をしてくれたのが斎藤弁護士で、あの先生が俺を死刑台から救ってくれたんだ」

事件報道は終戦後の紙不足で朝刊二ページを発行するのがやっとという状態であったから、逮捕記事は三行ベタ扱いだった。

「殺人野荒しは滝川署で捜索中、十二日午前十一時半ごろ同町字富士ランマの沢附近を徘徊中の殺人犯住所不定前科三犯白鳥由栄（四〇《ママ》）を逮捕した」

新聞は〝脱獄〟については一行もふれてはいなかった。

白鳥は殺人容疑で滝川署に逮捕された後、ただちに身柄は札幌の大通拘置支所に移され、殺人、窃盗、加重逃走罪で起訴された。このとき白鳥は自分の身を死刑台から救ってくれた官選弁護人の斎藤忠雄（当時四十四歳）に出合うことになる。

私は昭和五十三（一九七八）年十月、札幌に斎藤を訪ねた。

「私が白鳥君と会った最後の日は今でも覚えているが、二十一年前の昭和三十二（一九五七）年十月の上旬で、府中刑務所に彼を訪ねた日でしたね。ちょうど今日みたいに雨の降る日で、あの日は蒸し暑い日でしたが、面会室で彼の元気な姿を見て安心して札幌に帰ってきたんです。なにしろ白鳥君は私の弁護士生活を通じて、とくに印象に残っている人でしたからね」

斎藤弁護士は感慨深げに当時を回想し、白鳥が今日も生きていることに少なからず驚きの表情を見せ、是非、再会してみたいと言葉を繰り返す。

「そうですな。あの事件は私の弁護士生活四十七年を通じて、とくに思い出に残った一件でしたからね。三十年も昔のことだが、手元に裁判記録がなくても、白鳥君との出合いから裁判の結果までの経緯は、昨日のことのように覚えていますね。

滝川市の近くに砂川という町がありましてね。そこで起こした殺人事件の弁護人として、今は国選弁護人と呼んでいますが、当時は官選と称し、その官選を引き受けたことが彼との出合いでしたな。拘置所の接見室ではじめて会ったとき、白鳥君は脱獄と殺人事件のことについて、こういうんですな。『先生、俺は私利私欲で脱獄したことはないんだ。砂川の殺人にしても、畑ドロと間違えられて木刀で殴りつけられ、身の危険を感じてのことだったんだ。しかしやったことは事実なんだから裁判は堂々と受けて、納得のいく判決なら服罪します』と。私は、その話を聞いて腹を決めましたな。白鳥をできるだけ弁護してやれと」

——砂川の殺人事件は、昭和二十一（一九四六）年十二月十六日に一審で死刑の判決がでていますね。その辺の状況はどうでしたか?

「そう。おっしゃるとおり、一審では死刑の判決でした。公判は六回開かれたが、求刑のとき検事は、『この被告は日本中どこの刑務所に容れても脱獄してしまうから、矯正不能で死刑以外に該当する刑罰はない』と論告しましてね、それと三件の起訴事実、殺人、窃盗、逃走の罪が併合されて、死刑の判決でした。

私は白鳥君に、量刑不服としてすぐ控訴させました。ところが、死刑判決ということで、脱獄をおそれた当局が身柄を拘置所から、より厳重な苗穂《なえぼ》の札幌刑務所に移してしまってね、たしか、二十二（一九四七）年の二月だったと記憶していますが……」

死刑判決直後の心境を、白鳥は回想していう。

「俺は死刑の判決を言い渡されたとき、これは不当な判決だと思って、控訴したんだ。しかし、あのときは被告席で一瞬、目の前がボーッと霞んでしまってね。だけど、法廷では判事や検事にこういってやったんだ。

『無期ならまだしも、死刑判決なんてとんでもない。俺は必ず脱獄して、あんたたちの寝首を掻《か》いてやる』とね」

法廷で寝首を掻いてやると宣言した話には、後日譚があった。

官舎に住んでいる判事、検事の奥さん連中にも白鳥が法廷で啖呵《たんか》を切ったことが耳に入り、もし、脱獄されて家に押し込まれては大変と、門柱に掛けてあった表札をはずしてしまったという。

いかにも白鳥にまつわるエピソードであった。

「裁判が終ると拘置所に帰ったんだが、正月が過ぎると刑務所に移されてね。雪の降る寒い日だったが、護送車に乗せられて四人の拳銃を吊った看守にガッチリと押さえ込まれて送られたんだ。刑務所に入ると、二十四時間体制で二人一組の看守二組が拳銃を携帯して房を監視しているんで頭にきてね。だが、札幌を逃げようと計画したのは、控訴したからすぐには死刑になりっこないとは分かっていたんだが、内心は死刑が怖くて、それで逃げたんだ……」

札幌脱獄

「『白鳥に死刑の判決が出たってよ。今度は終りだな』『そういえば雑役が刑場を掃除していたから、もうすぐ執行になるようだぜ』こんな話し声が他の房から聞こえてきたときは、正直のところ、俺も慌てたし、あせったね」

と、白鳥は、一審判決直後の心境を語る。

刑務所に収容されてから脱獄決行までの期間は、青森六カ月、秋田は八カ月、網走一年四カ月、札幌二カ月と四回の脱獄の中で、札幌刑務所が期間的にもっとも短い。それは死刑判決に対する心のあせり、動揺があったからだ。季節にしても札幌ではまだ雪が残り、火の欠かせない三月に逃走している。

『北海道警察史』には脱獄の準備の様子が書かれている。

白鳥が監房を出るのは入浴と散髪のときだけ、あとは毎日のように独房の中で体操をしたり、柔道の受け身のような運動をして体力を養い、看守をおどかして盛りのいい食事をとった。また、三月二十七日刑務所の床屋で散髪した白鳥は、特に眉毛を細くそらせ、脱走をしたあと人相手配をごまかすことに備えた。

また、判決文にも脱獄の状況が簡略に記されている。

脱獄決行日は昭和二十二年四月一日午前二時ごろ、幅一六・五センチ、長さ二メートルの床板二枚を外し、床下にもぐり、土を掘り、玉石をかきわけ、五〇センチの穴にした。二メートル近いトンネルを鋸や食器で掘って、土竜《もぐら》のように土を抱きこむ格好で舎房の外へくぐり抜けた。

最後の札幌脱獄の動機は前述したとおり〝死刑判決〟に対する恐怖心からで、白鳥は、はじめて自己保身のために脱獄を図った。しかし、その手口はなんとも鮮やかだった。

札幌刑務所は大正三（一九一四）年七月に完成した木造の建物で、独居舎及び雑居舎は平屋建てで水洗便所の設備はなかった。白鳥が収容されたのは、一舎から四舎まである十字型舎房の第二舎の中央にある監房で、独居舎は正門から向かって北東の位置にあり、裏手には工場、前には庁舎が建っていた。

刑務所当局は事前に秋田、網走の脱獄時の実況検分調書を取り寄せ、破獄の原因を徹底的に研究して房扉、天井、採光窓、鉄格子等新たに補強し、破ることが不可能な構造に造りかえた。だが、白鳥は一カ所弱点を発見し、奇想天外な方法で脱獄に挑戦していた。

「札幌で入れられた独房は、俺を収容するためにわざわざ内部を改造して、まるで鉄箱の作りだった。天井、鉄格子の窓、視察口を破ることは不可能で、残された方法は床下に穴を掘って逃走する以外に手はないと思ったな。

それで、床下がコンクリートなのか土なのかを確かめるために、ゴザの芯を抜いて先にツバをつけて床板の隙間から差し込んで、何十回となく上げたり下げたりしたんだ。そのうち芯の先に土がついたので、これは絶対に逃げられると自信を持ってね、だが、あのときの脱獄は一か八《ばち》かの賭だったんだ。

そして、つぎに準備というか用意したのは床板を切り抜く鋸の材料だが、おあつらえむきに洗面用の桶に鉄タガが二本はめ込んであったので、下の方の鉄タガの接合部分を引きちぎってはずし、二〇センチぐらいの長さに折り曲げたんだ。余った鉄タガは、後で床板の隙間から床下に捨てたがね……。

また、古釘は検事調べのとき調べ室のドアのガラスを留めてあった釘に目をつけ、わざとよろけてガラスに手をついて、看守に分からないように抜き、服の袖に差し込んで房内に持ち込んだんだ。そしてその古釘を使って、秋田のときと同じように鉄タガに細工して、即席の鋸を作ったというわけだ。

札幌のときは房内では手錠をかけられなかったが、検事調べや入浴、弁護士面会などでは、一歩房を出ると相手に会うまでは手錠をかけられ、還房のときは素裸にされて、それこそ、ケツの穴まで調べられたが、道具（鉄タガと古釘）はおき便器の裏底に隠しておいたので、最後まで発見されることはなかった。道具の隠し場所におき便器を選んだのは、看守が房内点検をするとき糞、小便の溜まった便器だけは、ただ、もち上げてその下の床を見るだけだったので、裏板に目をつけ、道具を飯粒をこねてつくった糊で底に張っておいたんだ。

札幌は二カ月で逃走に成功したが、古釘を手に入れてから逃走するまでの期間は、正味十日たらずだった。床板を切り離す作業をはじめたのは床屋に行く四、五日前からで、仕事は昼間、正座をして鋸を内股の間に隠し、貧乏ゆすりをする格好で体の位置を移動させながら切っていったんだ。看守は視察口から何度も、俺が股の間に手を差し込んでいる姿を見ては注意していたが『寒いからしかたねえだろう』といって、監視の目を誤魔化していたんだな。

そして、いつ房内を点検されても痕跡がわからぬように、切りくずは飯粒にほこりを混ぜて床板の切り口にすり込んでおいたので、捜検があっても絶対にわからなかった。

二枚の床板を完全に切り離す作業は五日近くかかったが、これで準備は出来たんだ。あとは看守の交代時間の隙を狙うことと、毛布を一枚まるめて膨みをつけ、枕を頭の格好に見せかけて寝ている姿に仕上げることだけだった。

逃走の準備にとりかかったのは午後七時を過ぎていたと思うが、日日《ひにち》だけは〝三月三十一日〟とハッキリと覚えている。それは、床屋に行ったとき壁に貼ってあったカレンダーの日付を記憶していて、その日から五日後に逃走を決行したからなんだ。

看守が二人一組で巡視する時間は変わらなかった。房の前を往復する間隔が十五分、その間に寝姿を偽装し、床板をはがして床下に潜り込んだ。そして、ジーッとして看守の靴音を聞いていたが、歩調はいつもと変わらず規則正しかった。床と土の間の空間は二尺ぐらいあったので、床下に仰向けになって、はずした床板を元の位置にはめ込んだんだな。

光が漏れなくなったので床板はキッチリ収まったわけだが、それからが大変で、逃げ口を探して床下を舎房のコンクリの土台が埋め込んである際まで這ってゆき、その土台の際から、一心不乱に食器と手で穴を掘りはじめたんだ。掘るときは指先の痛さなんてまったく感じなくて、真暗な穴をまるで土竜《もぐら》みたいに両手で土をはねのけ、食器で玉石を二、三個ずつどかして、掘り進んでいったんだな。

どのくらい掘り進んだかは見当がつかなかったが、土の中から上に手を出したとき、手が冷たく感じてね、あの瞬間、これで成功したんだと夢中で土をかきわけ、頭から体を外に出して地面に這い出たんだ。雪明りで両手を見ると、指がガサガサで土と血で真黒になっていたな。でも、緊張していたので痛みはそれほど感じなかった。

周りを見ると、ちょうど俺が入れられていた監房の外壁の腰板と土台に敷いた玉石の近くに穴があったので、多分、土台下から二メートルぐらいは穴を掘っていたんだな」

判決文も土龍と形容しているが、正に奇想天外な方法で監房の外に脱出することに成功した。刑務所側の脱獄現認時間は午前二時ごろ、白鳥の記憶では脱出に要した時間は、およそ二時間。次の行動は外塀を乗り越えるために関門の監視所に近づくことだった。そして、神経を使ったのは、静まりかえった所内で雪を踏む足音だったという。

「足音をたてないように、それこそ、ぬき足さし足で舎房の脇を通り抜け、明りの消えた平屋建ての建物が二棟あったので、その間の通路を通って角の建物のところで少し様子を窺っていたんだが、気付かれた気配もないので中塀のところまできたんだ。

高さ二メートル以上あったが、その中塀のところは、なんと、所内の雪捨て場になっていてカチンカチンに凍った雪が塀の三分の二ぐらいの高さまで積み上げられていたんだ。

勿論、俺はその雪を踏み台にして、難なく中塀を越えたんだ。そして最後の関門の正門の近くまですり寄って、監視所の近くに木があったので、その木に体を隠して監視所を監視していたんだ。距離にすると木と監視所の間は二〇メートルぐらいあったか。看守がストーブにあたる姿が見え、デレツキ（筆者注…石炭を掻き混ぜる鉄棒）で石炭を掻き混ぜる音が聞こえるんだな。

俺はそれを見て足音をデレツキの音に合わせて、正門近くの外柵に辿りつくことに成功したんだ。あとは看守に気づかれずに外柵を乗り越え、外に出たというわけさ。

裸足の冷たさをジーンと感じたのは、外柵を乗り越え、雪道に飛び降りたときだった……。時間にすると監房の外に出てから外柵を乗り越えるまで二十分くらいのものだった」

脱獄時間は新聞記事、刑務所発表とまちまちだが、監房の床板をはずし正門に面した鉄製の外柵を乗り越えるまでの時間を、白鳥の記憶から再現してみると、三月三十一日午後七時ごろ床板をはずす作業に着手、二十分後には床下で脱出口の穴を掘りはじめ、二時間で土台の際から二メートルの距離をU型に掘り抜き、舎房の外に脱出。

中塀までは舎房に沿って身を隠しながら近づき、雪捨て場の雪の上から中塀に飛びついて乗り越え、監視所の近くの木陰で様子を窺い、看守の隙を見て外柵を乗り越える。その間、二十

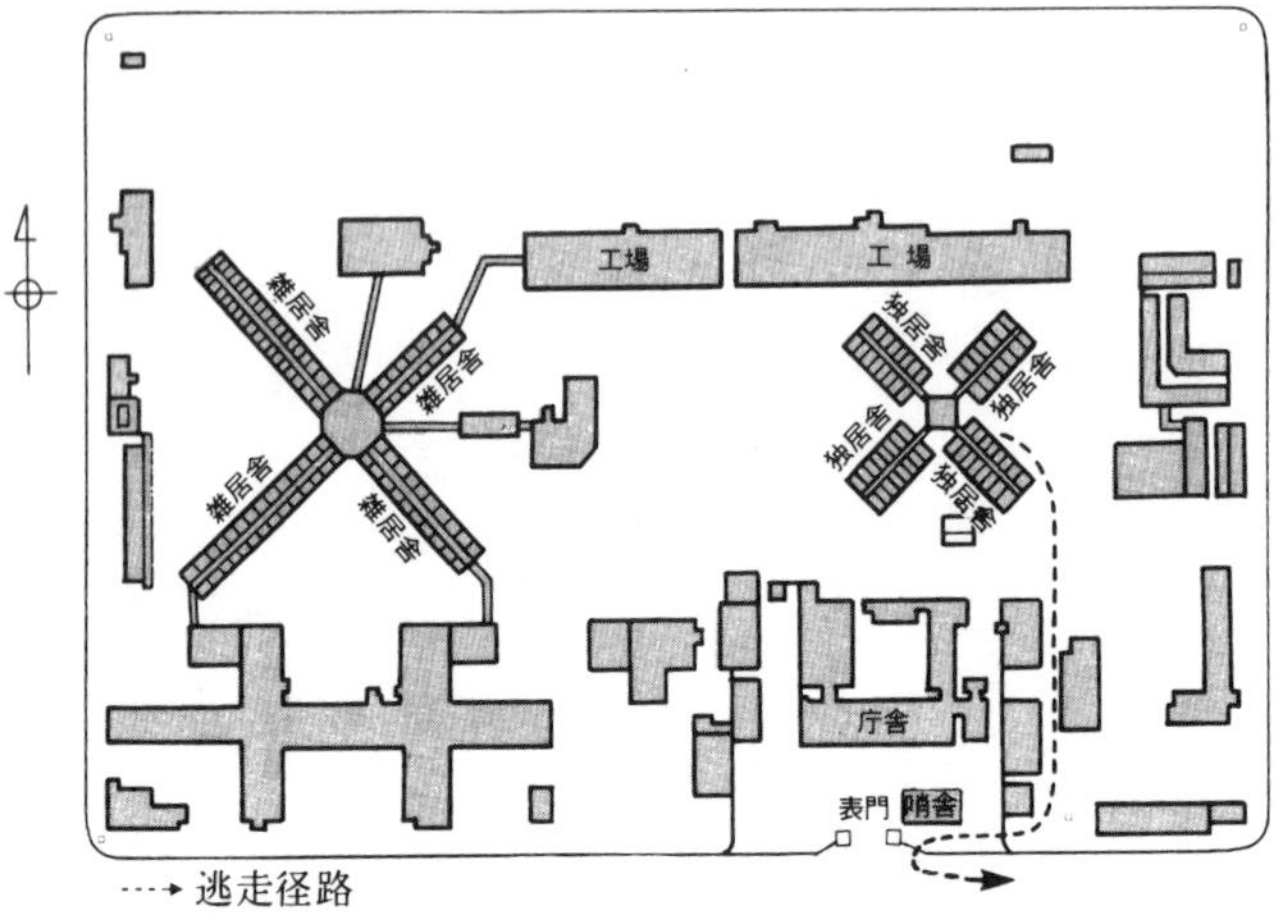

図7　白鳥証言による札幌刑務所脱獄逃走径路

札幌刑務所旧施設配置図（法務施設総覧）

分を要しているので、床板をはずしてから塀の外に出るまでの時間は約二時間四十分。午後九時四十分ごろには、白鳥は塀の外に立っていた。

刑務所側が逃走を発見した現認時間は四月一日午前二時ごろなので、四時間二十分の時間が逃走に使えたことになる。

札幌の脱獄は地に潜り成功した。滝川で逮捕されてから二三一日目のことである。一審判決の言い渡しが十二月十六日、大通拘置支所から札幌刑務所に移送になったのが斎藤弁護士の記憶では昭和二十二（一九四七）年二月。その間、約二カ月未決監に収容された後、札幌刑務所に移送になった。脱獄までの二カ月間、刑務所ではどのような生活を送っていたのか。

「刑務所に移されてからは毎日、逃げることばかり考えていたが、二回、斎藤弁護士が差し入れを持って面会に来てくれた。そのとき『控訴審も近々はじまるので逃げるなんて気を起こしては駄目だ』と、諭されてね。俺は斎藤先生を信頼していたので、あのときは気持もぐらついたんだ。でもな、死刑判決の重みには勝てなかった……。

それに、俺が送られる一カ月前にも脱獄騒ぎがあったとかで、看守もピリピリしていて、余計、逃げることに執着したんだな」

白鳥が記憶していた一カ月前の脱獄騒ぎとは、昭和二十二（一九四七）年一月八日、被告人三名が凶器で職員を襲撃のうえ、逃走を計画したものだった。この時期、札幌刑務所以外でも、事故が多発していた。

●昭和二十二（一九四七）年一月一日、千葉刑務所において、過剰拘禁を不満とする受刑者十二名が、職員を拉致《らち》のうえ房内に閉じ込め、集団逃走。

●昭和二十二（一九四七）年七月五日、岩国少年刑務所において、過剰拘禁の不満から受刑者十一名が集団逃走を企画、阻止のため拳銃を使用。一名死亡、二名重傷。

●昭和二十二（一九四七）年九月六日、静岡刑務所において、処遇不満に端を発し、六三七名の受刑者が騒乱状態に陥り、所長を暴行、脅迫、監禁して特定受刑者を釈放させ、首謀者九名が脱獄逃走。

当時、静岡刑務所の技官だった法務省矯正局の藤井武彦は「静岡の脱獄逃走事故は三十三年も前に起きた事件ですが、私が刑務所に勤めて、はじめて体験した事件だけに、今でもハッキリと覚えています」こういいながら内部状況を語ってくれた。

「原因は施設長が無能だったために部下に対して統率力が欠如していたこと、この一語に尽きます。決断力をもって受刑者に対処していれば、あんな馬鹿げた事件に発展することはなかったんです。なにしろ所長は受刑者に強要されて仮釈放の指定日以前に、権限もないのに受刑者を出してしまったんですから。

当時、静岡刑務所では受刑者の一部が職員を顎で使っていたんですから、それはひどいもんでした。事件を起こしたのはボス格のMとSとYの三人で、彼らは手のつけられない悪《わる》でした。SとYの二人は五尺七、八寸、体重二十貫もある大男で体力もズバ抜けていて、地元では顔役の博徒で二人とも腕に刺青《いれずみ》を入れていて、配下の受刑者を四、五十人ももっていたんです。Mは体格は並みのほうでしたが頭脳派で戒護課長の弱みを握り、それで課長を脅《おど》かしていたんです。弱みというのは課長が受刑者の食糧をピンハネし、私腹を肥やしていたんですな。

戒護課長といえば現場の最高責任者、保安の指揮官ですから、課長を籠絡《ろうらく》していればやりたいほうだいのことができたわけです。上がそんな状態でしたから末端の職員はやる気をなくしてしまい、受刑者の不正に加担したり、紀律違反を傍観したりで、刑務所の秩序なんてなきに等しい状態でした。

暴動が起きたのは、Mが仮出獄の指定日より二、三日前にどうしても出せと所長に強要したことからはじまったんです。

最初のうちは所長も期日がこなければ駄目だといっていたんですが、三人は他囚を扇動して騒動を起こし所長を出刃包丁で脅迫し、所長に指定日より早く出ることを認めさせたんです。その間、所内は受刑者が暴れ回って手がつけられない状態になっていました。

ですからそのとき所長が断固として要求をはねつけ、強い態度で対処していれば事態はあそこまでいかなかったはずです。戒護課長は雲隠れしてしまい、所長以下、幹部はだれ一人積極的に行動するものはおらず、拳銃も使用せず、なすがままでしたから、連中が役所のトラックを持ち出し、それに乗って正門から逃げていくのをただ傍観していたんですよ。

結局事件は、後日三十名の逃走者全員逮捕ということで決着がつきましたが、職員のほうも所長以下二十名が懲戒解職になったんです。裁判では〝強要〟〝傷害〟〝暴力行為〟〝加重逃走〟〝強盗〟などの罪名がついて、首謀者三人は刑が十年以上増えました」

ついで、「静岡の脱獄逃走は終戦後の混乱期に起きた事件で、今日の状況に当てはめることはできない」と念を押しながらも、「刑務所管理は所長にすべて権限が集中していることは昔も今も変わらない、だから施設が乱れてくるのは所長の責任で、今日でもそのことは同じだ」と刑務所長の質の問題を強調する。(昭和五十五年＝一九八〇年五月取材)

昭和二十二(一九四七)年には白鳥も脱獄逃走者の一人だが、全国で五二九件の逃走事故が発生し、七百三十八名が脱走した。原因は①過剰拘禁、②職員の不足と質の低下、③戦災による収容力の不足、④受刑者の質の悪化、⑤食糧不足等が考えられる。とくに食糧は国民全体の死活問題であった。当時、主食の配給は刑務所にもあったものの、量は一日二合程度。それも欠配の日が多く、月に配給されたのは十日ぐらいで、不足分は代用食で補っていたという。現実に全国の刑務所の病舎では栄養失調で毎日二、三十人の死者が出たこともあった。受刑者は法で強制作業が科せられていたわけだが、当時の喰うや喰わずの状況の中では、刑務所の作業もたいしてなく、受刑者の四〇、五〇パーセントは不就業状態だった。仕事がなければ受刑者の食事は一等級減量され、なにもせず、腹をすかしてジーッとすし詰めの舎房で一日中、座っているということになる。

その上、受刑者の生活面積は独房で三分の一、雑居房で二分の一となり、受刑者は房の中で座るどころか半分は立っている状態だった。各所がそんな異常な混乱期の渦中にあったなかで、白鳥は一人、北の刑務所の独房の中で脱獄の機会を窺っていた。

白鳥の話は続く……。

「未決にいる間は床屋にも行かなかったが、判決（死刑）が出たので身ぎれいにしたいと看守に申し出て、所内（札幌刑務所）の床屋に行ったのは事実だが、看守を脅かしたことはなかった。飯にしたって三食を、空腹を我慢してできるだけ減食し、糞や小便の量を減らして便器に溜まる日数を延ばしたんだ。普通、一週間に一度は汚物を棄てるため、便器を外に出すんだが、排せつの量を減らしたので、十日ぐらいたたないと便器が一杯にはならなかった。すきっ腹を我慢したのも逃走の準備で、それで便器の裏底も捜検されず、安全な期間は十日と踏んで、その日数に脱獄の勝負を賭けたんだな。

看守を脅かして大飯を喰ったなんて、まっ赤な嘘だ。飯は逆に、自分で量を減らしたというのが本当のことなんだ。

それと、相手さん（看守）も俺が死刑の判決を言い渡されたというので緊張していて、二人一組の看守が二組、拳銃を携行して、交代で二十四時間、監房の前に椅子まで持ち出してきての警備だった。相手も俺を逃がさないために必死だっただろうが、こっちも、なんとか隙を衝いて逃げないと危ない立場だったんだ。二カ月間はそれこそ、真剣勝負で看守と対峙《たいじ》していたんだ」

二カ月前、逃げることに神経を集中し看守とは緊張状態で対峙していたと、白鳥は札幌刑務所時代の拘禁生活を語るが、刑務所側は白鳥に対してどのような対応策をとっていたのか。

当時、新任看守で白鳥を直接戒護していた佐々木茂（当時五十八歳）に体験談を語ってもらう。

「白鳥が生きていたとは驚きですな。しかし、まあ、彼のように伝説的といいましょうか、刑務所の世界で不死身の男として語りつがれてきた人物は、私の刑務官生活三十余年の歴史の中でも、最初で最後の稀有《けう》な存在ですよ」

白鳥の名を聞くと佐々木は一瞬、驚いた様子で、彼との出合いから話がはじまった。

「私が白鳥とはじめて会ったのは札幌刑務所時代で、初任看守を拝命して間もない時期でした。そう、二十一歳の時でしたか。

彼のような脱獄常習者は〝特種不良囚〟と呼んで、施設側も、動静視察はとくに厳重にチェックするんです。それに彼の場合、裁判所で〝逃げる〟と啖呵を切ったという話も我々の耳に伝わりましてね。それで、上の方の指示で戒護は拘置所よりも厳重になり、二人一組で対面戒護をやり、それこそ、二十四時間体制で挙動を監視していたんです。

勤務に就くときは実弾を装塡した拳銃を携行していて、上からは、『逃げるそぶりを見せたらいつでも射殺してよし』という、射殺命令が出ていました。

それと、視察口から覗くと三白眼というんですか、上目づかいににらむ彼の眼がなんとも不気味で、視線をそらしてしまうんですな。体つきはそれほど大きくはありませんでしたが、全身、筋肉の固まりといった体格の白鳥でした。

居房内では手錠をかけることはありませんでしたが、捜検は一日二回、時間を変えて房扉、床、鉄格子、寝具、洗面桶、便器、そして梯子をかけて天井までも徹底的に調べたもんです。それに、白鳥の体も居房を出入りするときは必ず素裸にして、それこそ、尻の穴まで調べるといった具合でした。

それがですよ、あれだけ徹底的に捜検もし、警戒厳重にして戒護していたにもかかわらず彼は逃走したんですから、発見したときは大騒ぎになって、私なんか、最初、逃走を知ったときはどうしても信ずることが出来なかったですな。

逃走時、私は非番でしたが非常呼集がかかり、深更の街に捜索のため散っていったことを、今でも覚えていますよ。

白鳥には〝逃走の名人〟〝脱獄屋〟〝破獄の天才〟……と、いろいろ形容詞がつけられましたが、つまるところ、逃げ方は人間の常識の盲点を衝く方法で、四回の脱獄に成功したと思うんです。それにしても、白鳥のような男は二度と現われないでしょうな――」（昭和五十九年＝一

九八四年五月取材）
北海道新聞の紙面では〝生活物資の配給制度五月から〟〝小麦価格百匁一円八十銭〟といった生活記事の扱いより大きく、全四段写真入りで〝白鳥、四回目の脱獄・監視尻目に床板を切る〟と見出しを付け、脱獄を報じている。

脱獄三回、殺人、前科四犯《ママ》昨年夏砂川町の殺人野荒し事件の犯人として死刑の判決を受け苗穂《ママ》刑務所（札幌）に収容中の白鳥由栄（四二《ママ》）は、一日午前二時半ごろ独房の厚さ二寸、幅五寸の床板二枚を鋸ようの刃物で切断、床下をくり抜いて逃走した。道警刑事課では犯人の凶暴性から事件の続発を恐れ、札幌署をはじめ各署に手配、今までの彼の手口から山林内に潜伏前には必ず附近人家から食糧、衣類を手に入れるものとにらみ、苗穂附近の人家をしらみつぶしに捜査する一方、回覧板によって一般から盗難の有無の調査、立回りのきき込みにつとめている。（昭和二十二年＝一九四七年四月二日付）

また、翌日、楠本所長は、白鳥の脱獄に困惑し、監督責任について以下のように陳謝している。

ただ申し訳ない心で一ぱいです。彼については四人の専任看守が交代でつき、毎日の調査はもちろんクシャミ、セキをしたことまで報告させていたのです。とくに逃走した午前二時から五時の間も看守が立っており、それをどういう風にしたものかフトンその他獄内品を寝ているのと寸分も違いなくしておいて床下から逃げるとは……。

今さら何をいっても、結局私の不明と不注意によるものと恥じている次第です。(北海道新聞、昭和二十二年＝一九四七年四月三日付)

たしかに佐々木の指摘したとおり、脱獄を計画し準備行動に移り、逃走するまでの期間、白鳥は看守の巡視行動を鋭く観察し、逃走するために〝五感〟を異常なまでに研ぎ澄まし、心理の盲点を衝いて抜け出している。また、それだけに用意周到、細心の注意力があってはじめて、四回もの脱獄に成功したわけだ。

脱獄後の白鳥の足取りはまさに神出鬼没、約三百日間(正確には二百九十五日)にわたり、札幌を中心に近郊の朝里《あさり》、余市《よいち》、そして北海道の背骨、十勝岳、大雪山を縦断し、逃避行は道中から道東へと行動半径を広げていった。

第一歩は市内でもっとも規模の大きいゲレンデ、大倉山シャンツェを西側に望む標高五三一メートルの藻岩山からはじまっている。そこを目指したのは地形偵察のためで、追われたときの逃走経路を見定めるためであった。

この辺りは、今日でも林や小高い丘が灌木《かんぼく》で囲まれ、札幌市内を俯瞰《ふかん》できる地形になっており、市街地とは思えぬほど自然豊かな土地であった。

北海道縦断逃避行の話にまで取材が進むのに、三月《みつき》かかっていた。退院後、旅館で、公園で、そして居酒屋で話す白鳥の表情は生々と感じられた……。

「塀を乗り越えると豊平川の堤防まで出て、それから川に沿って山を目指して走ったんだ。山にさえ逃げ込めば、いままでの経験で、なんとか追手をまいて逃げきる自信はあった。それに、高い場所でないと様子がわからないし、とにかく近場の山を目指したんだな。途中、用意してきた毛布を切って足に巻いたんだが、雪道を走ってきたので足の感覚がなくなっていたね。はじめ藻岩山に隠れたが、深更になって三角山に移ったんだ。それでも運がいいことに途中、人と出くわすこともなく不審尋問にも遭わずに山に逃げ込めた。そして一昼夜は三角山から動かず、ジーッとしていたんだが、腹は減るし寒いしで、二日目の夜には動きだし、下山した。街の中央にある大通り公園の突当たりに札幌神社（北海道神宮）があったので、裏まで行って、お堂のような建物から古着や米、ゴム長、筵《むしろ》などの必需品一式を盗んで、また三角山にもどってきたんだ」

北海道新聞は警察の捜査状況を伝えている。

脱獄魔白鳥は、逃走後一昼夜半を経過したが未だ何ら手懸りを得ず、道警刑事課の指導のもとに札幌署、江別署ならびに警防課を動員、厳重な非常線を張って捕縛に必死の努力を続けている。当局では白鳥は札幌、江別署管内に潜伏しているとの確信の下にその可能性が多い厚別方面の山狩りを実施しているが、月寒方面、円山を通って小樽方面潜入説も有力で、すでに手配警戒中である。いずれにしても死刑はまぬがれぬものと脱獄しただけに、白鳥逮

捕には血を見ずにはおさまらぬものと捜査員全員、異常の緊張を示している――(昭和二十二年＝一九四七年四月三日付)

警察は山狩りまでして札幌市内、近郊に非常線を張り、多数の警官を動員したが、なんと、白鳥は脱獄二日目には札幌署管内の緊急配備の網をくぐり、大胆にも市内に現われ、生活必需品まで盗んでいた。三角山にもどった白鳥は、大倉山シャンツェと接する裏山の大樹の根元に小屋を造って、ここでしばらく生活した。

そしてときどき山を下り、山麓地帯や琴似町まで足を踏み入れ、農家の納屋や留守宅に忍び込み、古着や小麦、米、大豆、ボロ布、筵、味噌、醤油など食糧や炊事道具を盗んで山へもどり、約一カ月そこで過ごした。しかし、同じ所ばかり荒らしていると足がつくことが考えられたので、五月上旬の夜中、山伝いに一五キロ西にある上手稲《かみていね》西野神社の山奥に棲み家を移動した。

「筵と丸太で作った小屋に一カ月ぐらいいたが、同じ場所にいつまでもいると足がつくと思い、桜の花が咲きはじめた暖かい晩に、世帯道具を背負って三角山を下り丘陵伝いに上手稲の山奥に入り、神社の近くだったが、その辺りに小屋掛けして四カ月ぐらい生活していたんだ。

でもあのときはなかなか腰が落ち着かず、夏になると、また場所を移動したんだ。そして移るときは、貯め込んだ食糧と自分で漬けた身欠《みがき》にしんの味噌漬、こいつは味噌と一緒に軒下に吊してあった身欠にしんを盗んだんだが、その味噌漬が腐らないように牛乳の輸送缶に詰めて、食糧等と一緒に目印をつけた木の下に埋めてきたんだ。

山中の生活でいちばん困るのは水と火だが、水は湧水が神社の近くにあって不自由することはなかったし、火も、生活物資を盗むため農家に忍び込んだときに、〝レンズ〟、これは拡大鏡みたいに大きいやつだがそのレンズを盗んで、太陽の光で火をおこしていたんだ。後々までレンズは本当に重宝したな。

それと、小屋は発見されるとまずいと思い、下山するときにたたんで、神社の床下に隠してきたんだな。

上手稲から小樽の春香山《しゅんかざん》（標高九〇〇メートル）に移動するときは、奥手稲山の稜線を縦走し、銭函峠《ぜにばこ》を抜けてたどりつき、山中の猟師小屋で一カ月ぐらい生活していたんだが、どうしても腰が落ち着かず、九月中旬には猟師小屋を出て尾根伝いに余市岳（標高一四八八メートル）に向かい、そして稜線を越えて喜茂別《きもべつ》岳（標高一一七七メートル）を経て峠越えで定山渓に出、十月上旬に再び古巣の上手稲の山にもどってきんだ。

上手稲を出てもどるまで約二カ月の間、山中を移動していたが、定住したのは春香山の猟師小屋だけだった。そこを発つときは初雪があり、なにも寒い中、他に移動しなくてもよかったんだが、追われている気持が、どうしてもせっつくもんで、猟師小屋を出てからは山中を点々と徘徊し、おもに木こり小屋で雨露を凌《しの》いでいたんだ。

上手稲にもどってからは、下山するとき神社の床下に隠しておいた材料を使って小屋をもう一度造り直して、そこに、二カ月半ぐらい住んでいたな」

逃避行のペースが早く移動は転々とし定住していないため、月日や地名について白鳥の記憶を呼び起こすため、私は、当時の新聞記事、地図、そして取材ノートを白鳥に見せ、記憶の欠落した部分を二人で埋めていった。

脱獄してから、上手稲の棲み家を離れるまでに移動した場所、期間を整理してみると次のようになる。

●昭和二十二（一九四七）年三月三十一日＝脱獄―藻岩山へ（札幌市内）
●〃　四月二日＝札幌神社（札幌市内）の近くで盗みを働く。
●〃　四月上旬～下旬＝大倉山シャンツェと接する三角山で生活。
●〃　五月上旬～八月中旬＝上手稲山中で生活。
●〃　八月中旬～九月中旬＝小樽奥地の春香山で生活。
●〃　九月中旬～十月中旬＝余市岳、喜茂別岳、定山渓、上手稲と山中を徘徊。
●〃　十月上旬～十二月中旬＝上手稲山中で生活。
●〃　十二月中旬＝上手稲を発ち、中佐呂間へ。

白鳥は九カ月余りの間、札幌を中心に半径五〇キロ圏内で四回も棲み家を変えていた。理由は追われて腰が落ち着かなかったという。

「札幌、小樽周辺の山をぐるぐる廻っていたんだが、どうしても追手のことが安心できなくて、それで中佐呂間の洞窟なら発見されないと思い、そこで越年することを考え、行く決心をしたんだ。そして冬に向かうわけだから、身仕度も頭には毛糸の頭巾を被り、着衣は古着の軍服の上下に外とう、股引も二枚重ねてはき、足許は編上靴だった。リュックサックには食糧を詰めるだけ詰め、毛布も縛って、まあ、完全な冬仕度で下山したんだ」

こうして十二月中旬、雪の降るなかを白鳥は上手稲の棲み家を後に、中佐呂間に向け出発した。これから先、道中、どのような径路をたどって中佐呂間に向かったのか。

「下山して最初に人に会ったのは琴似の町だったが、俺が道路を堂々と歩いても、だれも脱獄犯だなんて気付かず、俺の格好に警戒するものはいなかった。でも、琴似は自首（後述）した町なんだ。それはともかく、町を抜けると札幌駅の方向を目指して本通りを歩いていったんだ。

いちばん懐かしかったのは、なんといっても、人の話声と人そのものだった。網走のときに比べれば、一年もたたないうちに人と会えたんだから、俺も、あのときは我慢がたりなかったんだな。それと、街を歩く人の姿を見ていると、男は俺とチョビ、チョビの格好をしているので、通行人と一緒に歩いていても警察には見つかることはないと安心し、逃げる自信がついたんだ。

札幌駅に近寄らなかったのは、旭川の近くの町でのこと（闇屋取締）を思い出したからで、市内に入ると札沼《さっしょう》線の線路を目指したんだ……」

そして、札沼線を目標にして郊外に出た白鳥は、線路伝いに東へと逃避行を続けた——。

その足取りを北海道新聞（昭和二十三年＝一九四八年一月二十一日付）の記事で見てみよう。

——国道、鉄道線路に沿って当別《とうべつ》、浦臼《うらうす》、滝川《たきかわ》、赤平《あかびら》、上富良野《かみふらの》に達し十勝《とかち》岳を少しぶらつき神居古潭《かむいこたん》、旭川、比布、愛別、上川を通り層雲峡に出て、旭岳、比布岳を越え上川からは石北《せきほく》線に沿って天幕、中越を過ぎて上越に出て石北国境の奥白滝へ行く途中、道路から五丁ほど奥にあった人夫小屋の壊れているのを直し、十月一日から今日十日まで暮した（筆者注…白鳥の記憶では十二月三十日から五日間生活する）

見出しに〃踏破直線で一九一里〃（筆者注…七六四キロ）と逃走距離を付している。白鳥に新聞で書かれた逃走径路を質《ただ》してみた。

「地名で覚えているのは当別と滝川、それに旭川、白滝の四つぐらいで、他の場所はあまり記憶がない。ただ、中佐呂間に向かうためには鉄道線路沿いに歩き、危ないと思った場所は山越えで目的地の中佐呂間に向かったんだ。

道中、いちばん難儀したのは雪で、東へ向かうほど雪も深くなり、とくに、山中の雪には往生したもんだ。途中、寝泊りした場所は、町場の近くでは橋の下や倉庫、そして山中は猟師小屋とか太い木の根元の雪を掘って、その穴の中で夜を過ごしていた。

濡れた衣類は倉庫や小屋で古材や木箱、まきなどを燃やして乾かしたんだな。

奥白滝の人夫小屋にたどりついたのは、暮れの三十日だった。途中、雪が深くてとても中佐呂間までは行けないので、奥白滝という土地で造林人夫が利用していた廃屋を修繕して雪待ちしていたが、小降りになるどころか積もる一方なので、洞窟へもどることは諦めたんだ。

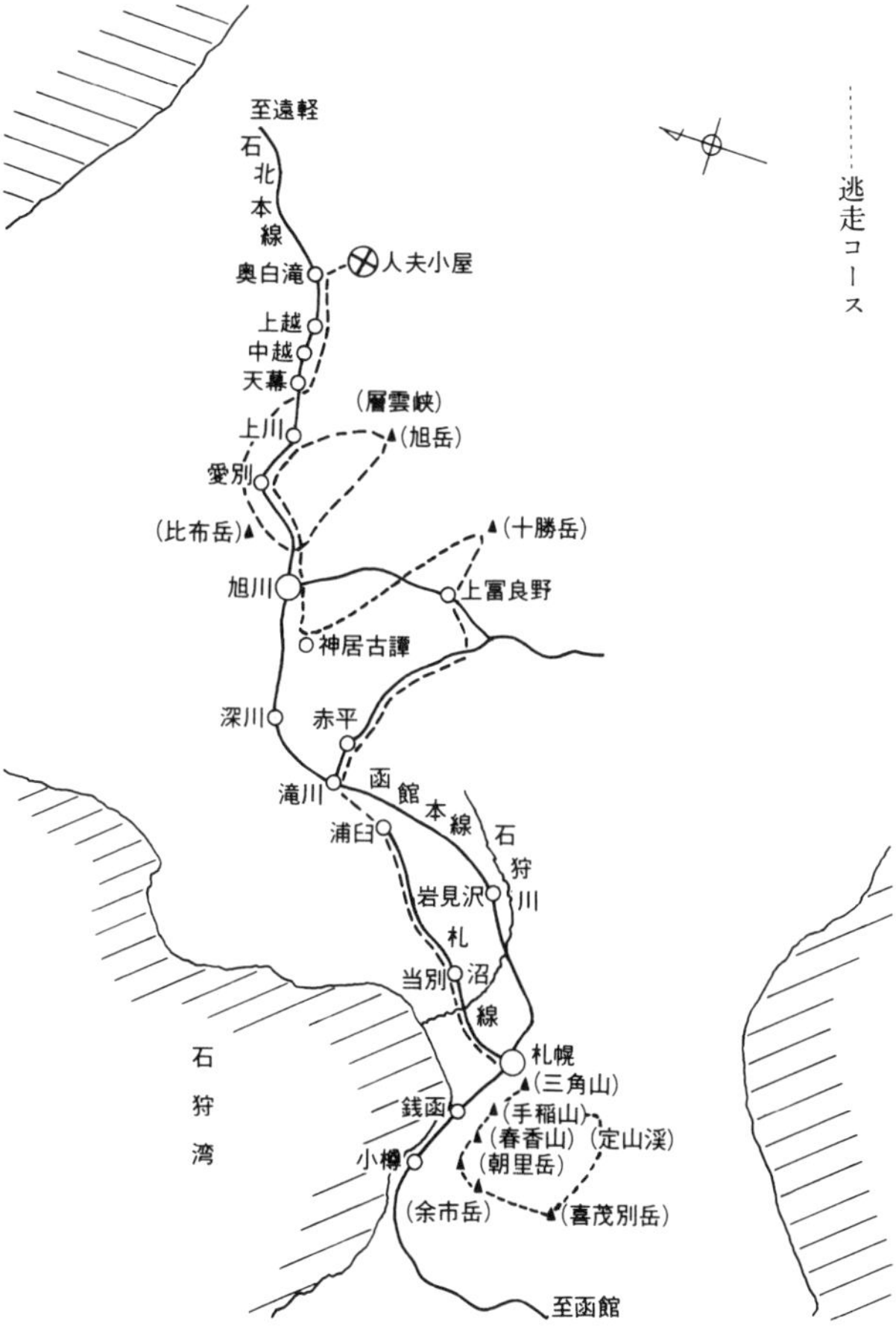

図８　札幌刑務所脱獄後の逃走コース

三十日（十二月）とわかったのは、百姓家で餅を焼く匂いがしたことと、しめ飾りが玄関に飾ってあるのを見てわかったんだ。日日《ひにち》は部屋の中に吊してあったカレンダーを見てわかった。餅といえば、百姓家から盗んで生で喰ったが、あのときの美味かった味は今でも忘れはしないし、思い出すんだ。

それと、その新聞記事だが、逃走径路は警察で取調べのとき地図を見ながら刑事に説明したので、警察ネタで書いたろうから、たぶんあっていると思う。しかし、日日《ひにち》は違うな。札幌と奥白滝の往復には片道、半月はかかっていた。

人夫小屋にいたのは五日ぐらいのもので、また来た道を逆にもどって札幌を目指したんだな。理由は上手稲の棲み家にもどるためで、あそこなら雪もそれほど深くないし、一冬過ごすだけの食糧は貯めてあったからだ」

逃避行をいつまで続けるつもりだったのか。時効まで完全に逃げきる目算があったのか。白鳥はいう。

「その時は〝逃げる〟ということで頭がいっぱいで、裁判のことや先々のこと、時効のことなど考えてもいなかった。ただ、小屋の中でジーッとしているといろんなことが頭に浮かんできて、気が落ち着かないんだ。それで、少しでも気を紛らすために動き廻っていたんだが、あの頃は終点のない逃避行を続けていたんだ。

山道は雪で、歩くのに難儀してね、寝る場所は山の斜面に穴を掘って、その穴の中で寒さを凌いでいたんだ。でも、追われていることが頭から離れず、夜、木の枝から雪が落ちる音を聞いては何度も目覚めたもんだが、里に出たときに寝泊りしたのは鉄道小屋で、緊張していても小屋の中があったかいので、すぐ眠くなってしまうんだ。それに、もどりは雪も深くなっていたので、山中で過ごすのは出来るだけ避けて、ほとんど線路沿いを歩いたんだ。

でも、往復の道中は人と一度も顔を合わすことがなく、もどりも順調に来た道順を引っ返し、当別から琴似まで辿りついたんだ。琴似へもどってきたのは土地鑑があったからで、上手稲の山に入ろうと町に差しかかったんだ。夕方だったが、空はだいぶ暗くなっていてね……。

それでね、途中、警邏《けいら》中の警官に職質（職務質問）を受けて、それで、『白鳥です』と自首したわけなんだ。でも、そのときは、捕まって、内心、ホッとしたな」

札幌刑務所を脱獄後二九五日目の昭和二十三（一九四八）年一月十九日午後四時ごろ、白鳥は琴似町内を通りかかった。

帰巣本能でもあるまいが、白鳥は出発点に近い場所にもどってきた。この最後の逃避行は「捕まって内心ホッとした」と白鳥はいうが、〝逃走四戒〟を自ら破り、人目のある町中を昼間歩き、夕方、路上で警察官の職務質問に引っかかってしまうことになる。

しかし、このときは抵抗することもなく、むしろ、自ら名乗って逮捕されている。十カ月に及ぶ逃避行の疲れ、そして、白鳥も告白するように〝ホッとした安堵感〟があったのだろう……。

北海道新聞は二面記事で四分の一のスペースを割《さ》き、オーバーに襟巻姿の写真入りで〝白鳥琴似で捕る〟と大きく報じた。

昨年三月三十一日厳重な苗穂《ママ》刑務所独房を脱獄その後本道警察、警防団が全力をあげての捜査も空しく杳として行方をくらましていた脱獄四回、強窃盗殺人前科四犯《ママ》青森県生れ白鳥由栄（四二《ママ》）は十九日は琴似警察署岩崎、松尾両巡査の不審尋問にかかり逮捕された。脱獄以来二九五日目である（昭和二十三年＝一九四八年一月二十日付）

琴似町の路上で白鳥を逮捕した二人の警察官の内の一人、岩崎栄作（六十歳）が琴似町に存命していることを知り、自宅に訪ねた。当時三十一歳だった岩崎は、白鳥との出合いを熱っぽく話してくれた。

「巡邏の帰りでしたが、あの日は、札幌は大雪でして、なにしろ歩くのにも難儀したことを覚えています。巡邏が終って同僚と二人で本署（琴似署）に帰る途中でしたが、頭巾に外とう、長靴姿でゴム合羽をかけた荷物を背負った男が通りかかりましてね。どうも挙動がおかしかったので職質をかけてみたんです。

当時は、終戦後間もない時期で経済犯（闇屋）の取締が重点でしたから、この男も、闇物資を運んでいるのかと、そんな軽い気持で呼び止めたんです。

『何処へ行くんですか』

と聞くと、

『樺太《からふと》から引き揚げてきたばかりで、これから知人を訪ねて夕張の炭鉱へ働きに行くんだ』

と、いいましてね。名前を尋ねると、正面からこちらを見すえて、

『木村です』

と、堂々と応え、不審な印象は受けなかったんですが、それでも一応、背負っていた荷物を提出させると、男は素直に自分からゴム合羽がかかった荷物を開けましてね。それで、中の品物を点検したんです。

すると、どうですか、中からは鍋、釜、茶碗類、それに背広、羽織と出るわ出るわ、他にもマッチ、チョッキ、米、短刀、玄米を炊いた飯が新聞紙に包んであって……。よく一人であれだけの荷物を背負っていたもんだと感心しまして、最初は直感で、コソ泥かと思ったんです。

それで、もっと詳しく夕張の知人の名前とか男の生年月日を尋ねたところ、突然、男は、

『旦那、タバコを一本くれませんか』

と、いうんですな。

そのいい方が、こう、なんというか哀願調とでもいうんですか、ボソ、ボソと喋るもんで、それで私も、あまり待ち合わせがなかったのですが、光の一本の半分を男にやりまして、くわえたタバコに手をかざし、マッチで火を点けてやったんです。
二、三ぷく吸っていましたか。男は指先でタバコの火を消しますと、
『旦那、貴重品のタバコをありがとうございました』

と、いいながら頭を下げて、

『実は俺は、札幌刑務所を脱獄した白鳥由栄なんです』

と名乗ったもんですから驚きましてね、彼のことは手配書でよく知っていましたから、膝頭がガクガクしてしまい……。一瞬、男の顔を私の方が、まじまじと見つめてしまったんです。本当に、あのときはビックリしました」（昭和五十三年＝一九七八年二月取材）

逮捕後、札幌警察署で、白鳥は北海道新聞の記者の質問に答えている。


問・どんな動機で脱獄したのか。

答・札幌の裁判所での判決が不服であったからだ。

問・いつごろ逃げ、脱獄後どうしていたか。

答・三十一日の午後九時（筆者注…脱獄時間が四月一日午前二時ごろというのは刑務所側の現認時間であって、その間、逃走後四時間余り経過していた）ごろだ。用意には約十日間かかり、鉄板をノコギリ代わりに使った。はじめ三角山の麓《ふもと》に行き、すぐ大倉山シャンツェの裏山に、十月ごろまでひそんでいた。食物はすこしずつ付近の部落から盗んだ。それから朝里に行き、ついで千歳、喜茂別の山中を転々、さらに十勝岳山麓を逃げまわり、最近こっちへ来た。

問・現在の心境はどうか。

答・逃げようと思えばいつでも逃げられるが、捕まったときの旦那の親切さを思えば、そんな気は起こらぬ。いさぎよくさばきをうけたい。

問・逃走中はどんな気持だったか。

答・夢中でわからぬ。

問・ほかになにか。

答・人様を騒がせてすんません。それだけです。（昭和二十三年＝一九四八年一月二十日付）

岩崎巡査との出合いを白鳥は語る。

「そうだ。あの日（一月十九日）琴似を歩いていたのは、上手稲山の棲み家にもどる途中だったんだ。たしかに二人の警官に呼び止められて、職質を受けた。名前や行き先は嘘をついたが、二人の警官の態度が〝オイ・コラ式〟の威張ったいいかたではなく、丁寧にモノを聞き、タバコまで恵んでくれたので、そのやさしさにホロッとして、本名を名乗ったんだ。

もし、あのとき逆に威張った態度で職質でもかけたら、俺は二人を短刀で殺《や》っていたと思うよ。名前は忘れたが、若い方の警官（岩崎栄作）は俺が本名を名乗ると、顔をまっ青にして膝をガクガク震えさせていたんだ。

俺はいってやったよ。

なにもしないから、逮捕してあんたたち二人の手柄にすればいいとね」

逮捕後、間もなくして札幌高等裁判所で控訴審が再開され、斎藤弁護士の弁護活動もはじまった。一審判決は〝殺人・逃走罪〟で死刑。控訴審では殺人か傷害致死かが争点となり、斎藤弁護士は〝傷害致死罪〟の適用を強く主張して、判決は四カ月後に言い渡された。

裁判について新聞は〝白鳥に懲役二十年、前罪合せ実役は無期〟の見出しで報じた。

青森県生れ前科四犯《ママ》住所不定白鳥由栄（四二《ママ》）にかかる殺人逃走被告事件控訴審第三回公判は二十四日午前十時二十分札幌高裁で竹村裁判長、堀口検事、斎藤（忠雄）弁護人立合いで開廷、裁判長から逃走と傷害致死の併合罪を適用し懲役二十年（第一審死刑、第二審求刑死刑）に処する旨判決を言渡し、同三十分閉廷した。

検事側は同第二回公判で滝川での野荒しと間違われ、発見者を短刀で突き刺し、のち、病院で死亡せしめた事件を殺人とみなし死刑を求刑したが、裁判長はこれに傷害致死の判定を下し両罪の併合罪としては最高刑の懲役二十年を言渡したものだが、脱走前、網走刑務所服役中の無期懲役刑があるため被告が受ける実刑はやはり無期刑である。

検事側では、傷害致死と判事がみたのならやむをない、だが、あの事件は、あくまで殺人とみるべきだと不満を漏らしているが、上告の理由となるべき法令適用の誤りがないから上告はしないといっている。

なお被告は斎藤弁護人につぎのように語っていた。

「大変寛大な判決で非常に嬉しく思っている。たとえどこの刑務所で服役することになろうとも、真面目に大人しく刑に服します」（北海道新聞、昭和二十三年＝一九四八年五月二十五日付）

前科について、新聞は〝四犯〟と犯数を書いており、網走脱獄後に逮捕された記事では〝三犯〟となっている。だが、白鳥の前科は青森時代の無期懲役刑が「一犯」、秋田脱獄の逃走罪で「二犯」、そして砂川の傷害致死罪と網走・札幌脱獄の逃走罪が併合されて懲役二十年。合算すれば〝三犯〟が正確な犯数ということになる。

斎藤弁護士は当時を追懐して、

「控訴審は判決公判を含め三回開かれましたが、法廷は緊迫しましてね。一審のとき以上でした。なにしろ被告人が白鳥君ですから、高裁の警備も大変なもので、法廷の判事席の裏には武装警官隊まで配置されていたことを、後日知ったんですが、裁判所側も公判中にまた逃げるんじゃあないかと、不安だったんでしょう。

私が弁護のなかで主張した最大のポイントは〝殺意の問題〟とそれに白鳥君も話したと思うんですが〝正当防衛〟の二点でした。結果は、正当防衛行為はしりぞけられましたが、傷害致死は容れられ、判決は逃走罪と併合〝懲役二十年〟でした。検事側の上告もなく刑が確定し、白鳥君も納得して服罪してくれましたな。そして、東京の府中刑務所に送られたのは、七月の暑い盛りの日でした」

判決文は、次のように論じた。

判　決

本籍　青森県東津軽郡荒川村十八番地

住所　不定　無職　白鳥由栄　当四十二歳

右の者に対する殺人逃走被疑事件に付き昭和二十一年十二月十六日札幌地方裁判所が言渡

した有罪の判決に対して被告人から適法な控訴申立があったから当裁判所は検事伊東勝同席の上更に審理を遂げ次の通り判決する。

主　文

被告人を懲役弐拾年に処する。

押収にかかる短刀壱本（証拠四拾八号）は之を没収する。

訴訟費用は全部被告人の負担とする。

理　由（略）

（適用法令）

法律に照するに被告人の判示第一の逃走の所為は刑法第九十八条に、判示第二傷害致死の所為は同法第二百五条第一項に、それぞれ該当するところ以上は同法第四十五条前段の併合罪であるから同法第四十七条本文第十条に則り重き傷害致死罪の猶に同法第四十七条但書の制限に従い法定の加重を為した猶期範囲内で被告人を懲役弐拾年に処するものである。

尚被告人が正当防衛を主張するが被告人が凶器をもって大谷進一の後から不意に突刺したことは前示認定の如くであって被告人の行為を正当防衛行為であると云ふことは出来ないから之を採用しない。

仍って主文の通り判決する。

昭和二十三年五月二十四日

札幌高等裁判所第三部

裁判長判事　竹村義徹
判事　田淵清
判事　浅沼武

有期刑の最高刑は懲役十五年であるが、逃走罪が併合されたため懲役二十年の言い渡しとなった。白鳥は〝竹蔵殺し〟の無期懲役刑と〝秋田の逃走罪〟で懲役三年の刑も併せ持っているため、実質的な刑期は無期懲役と懲役二十年及び同三年の『三刑』で、これらの罪を背負って刑務所生活を送ることになった。

これから先、気の遠くなるような受刑生活を送る白鳥だが、〝死一等〟を減ぜられ、ともかく生きる保障を得た白鳥の心境は、天にも昇る心持ちであったろう。

白鳥が私に何度も語ってくれた「斎藤弁護士は俺を死刑台から救ってくれた恩人なんだよ」という言葉の意味も、白鳥と斎藤の人間的な交流を知るにしたがい、私の頭の中に鮮明に印象つけられていった。

昭和十一（一九三六）年六月十八日に青森刑務所から第一回の脱獄を果たして以来、終戦も知らずに秋田、網走、そして札幌と四回の脱獄を敢行した〝世紀の脱獄王〟白鳥由栄も、昭和二十二（一九四七）年三月三十一日に決行した札幌刑務所での脱獄を最後に脱獄歴に終止符を打つ。この時期、白鳥は齢四十歳を迎えていた。

青森のときは〝鍵を使い房扉から〟、秋田は〝銅板張りの壁面をせり登って天窓を破り〟、網走は〝視察口の鉄枠を腐らせ〟、札幌は〝鋸で床板を切り抜き地下に潜り〟、各々、新手の方法で脱獄を果たしている。しかし、そのことは、生き延びるための知恵、生存本能が白鳥を脱獄に挑戦させたとは考えにくい。では、脱獄の秘術を何処で学んだのか。

「いわれるとおり、四回の脱獄は全て手口が違う。それは、収容された刑務所の個性に合わせて方法を考えたからだ。個性というのは看守の性癖であるとか、独房の構造とか受刑者の扱い方とか……いったものだ。

それに方法だが、鍵の開け方は青森時代の土蔵荒しのときに覚えたし、鋸の作り方は蟹工船に乗っているとき先輩の流れ漁夫に教えてもらった。あとは体力と気力、それと五感を働かせることぐらいか……」

白鳥由栄は、脱獄の方法について簡単に言ってのけた。しかしその言い方は、自分だから成功したという自信を意識した答えに聞こえた。また、その技術は白鳥一代かぎりのものだと誇示しているようにも、私には感じられた——。

東京へ護送

二九五日間の逃避行で、白鳥はどの程度の物資を貯め込んだのか。

新聞は、「三角山の住居にはニシンのミソ漬を牛乳の二斗缶に一ぱい、ミガキ（ニシン）を缶に半分、手稲山には白米四斗を牛乳缶二個に、大豆のシラシメ油一缶、澱粉《でんぷん》二、三升、赤の編上靴を埋めてあり、上越には醬油や玄米、中佐呂間の古巣には雷管六百本、醬油四、五升、白砂糖二、三斤、ココア一箱のほか夏冬の軍衣各一着、軍がいとうがしまってあるという」、数量を書いている。

また、逮捕時に身につけていた衣類についても、「オーバー、洋服、下着類は十月初め愛別村市街の三鷹という家の土蔵を破って盗んだもの」（北海道新聞、昭和二十三年＝一九四八年一月二十一日付、傍点筆者）と、場所、時間、被害者宅まで発表している。白鳥の供述の一部を記事にしたものだろうが、白鳥の記憶のよさには驚かされる。

さらに、期間内の窃盗を二十二件、押収品約百五十点と発表し品物の内訳を、「米三俵二斗四升（内モチ米四升）、大豆一斗五升、醬油九升入一樽、ミソ一斗五升、肉、魚、果物などの缶詰四、五貫、その他乾魚など約五貫、それに衣料品では和洋服から下着類一切、足袋、靴下はいうに及ばず葉煙草二斗袋一杯等」（北海道新聞、昭和二十三年＝一九四八年一月二十日付）と、具体的に書いた。

押収品ということは当然、警察が白鳥の供述にもとづいて裏付をとったことになるが、時間経過は、十九日午後四時半頃琴似町内で逮捕され、身柄は琴似署から札幌署に移されている。取調べは午後九時までで本格的な調べは二十日以降になっているにもかかわらず、新聞は二十日の朝刊で押収品の内訳を記事にしている。

警察は逮捕から五時間たらずで白鳥の供述した現場の裏をとり、隠匿《いんとく》物資を押収し、品物を計量、分類して朝刊記事に間に合うように発表したことになる。夜間、それも、白鳥の書いた略図だけで、百五十点もの品物を押収することが出来たのだろうか。

とまれ、白鳥が山中で生活するために盗んだ物資は、発見された量だけでも相当なもので、実数は、はるかに膨大な量であったわけだ。

白鳥は〝物資調達〟について話す。

「三カ所（三角山、手稲山、上越の山中）に品物を埋めたのは万が一、発見されても危険は三等分されるので用心のため分散したんだな。盗みに入った先は百姓家とはかぎらず、民家にも忍び込んだが、土蔵を持っていた家（愛別村の三鷹家？）にはあの食糧難の時代に蔵にギッシリ食糧や衣類が詰まっていたんだ。それで腹が立って、持てるだけの品物を盗んでやったんだ。まあ、品物は相当量貯め込んだから、一、二年は山ごもり出来る量だった。それと、中佐呂間の廃鉱跡に雷管を隠してきたのは本当のことだが、六百本なんて大量の数ではない。盗んだのは佐呂間の山中で、飯場の隣りに建っていた資材倉庫からだ。その倉庫には作業衣やら道具類、資材がしまってあって、雷管は錠のかかった鉄製の保管箱に収まってた。南京錠をはずすなんて簡単なことで針金を使って鍵をつくり、それで、南京錠をはずして雷管を盗んだんだ。

数は二十本ぐらいのもので、その雷管はなにかあったときに使おうと思い盗んできたが、一本も使う機会はなかったな。隠した場所は、穴の中は火を焚いて危ないので、廃鉱の外に、油紙で包んで石油の空缶に入れて埋めておいたんだ」

そして白鳥は〝逃走四戒〟を破った理由について、話しはじめた。

「本道を歩いたり、街中に出たりで人目につく場所によく顔を出したが、それは、戦後のあのドサクサ時代は、人は一日一日生きることで精一杯で、たとえ犯罪人であっても、他人のことなど詮索《せんさく》する気持の余裕などなかったんだな。それで警察の目さえ誤魔化せば、街中に出ても捕まる心配はないと踏んで、出たんだ。

それに、人家がまとまっている場所の方が物を盗むのにも楽だし、品数も多く集めることが出来たんだな。それと、これは、俺の口からいうのもおかしいが、あの時代庶民はタケノコ生活なのに闇屋が全盛で、ズル賢い奴はお大尽の生活だった。それで、品数と量を多く盗んだのは物資を貯め込んでいる家ばかりで……。実際、庶民の家にはあまり物がなくて、鍋や釜の類ばかり盗んでいたんだ」

物資の調達は主に闇成金の家で済ませていた、と白鳥は強調するが、そこには彼一流の狙いがあったことも事実だ。それは、闇屋なら盗みを発見されても警察には届けないだろうという計算だった。この白鳥流の計算が当たったかどうかは不明だが、盗難届けが出されなかったことは事実である——。

当時の国民生活といえば、一カ月の最低生活費は公定価格で六六三円六二銭、闇値では一四六〇円七三銭になった。着物がある者は食糧と交換した。いわゆる「タケノコ生活」である。インフレはおさまらず、昭和二十二（一九四七）年七月には新物価体系が発表され一人当たりの生活費が新円五〇〇円から一八〇〇円がベースとなった。

ヤミとインフレ時代の日常風景といえば遅配欠配、買出し、栄養失調、停電、超満員列車、切符買いの行列等々……であった。

昭和二十三（一九四八）年六月四日、白鳥の実刑判決（懲役二十年）は検察側の上訴権放棄で自然確定した。身柄は起訴以来収監されていた札幌刑務所の特別房に、引き続き収容されることになり、東京の府中刑務所に移監になるまでの二カ月余は、特別房で過ごしている。

「刑が確定して、もう逃げる必要がないと思ったら、次に頭に浮かんだのは刑期のことだった。俺は無期と懲役二十三年を務める身なので、先のことを考えるとめいってしまい、それと、札幌で務めるのか、他の刑務所で務めるのか気になっていた。独房では、俺は逃げないと宣言したわけではないが、キチッと規則は守り、看守に反抗することもなかったんだが、警戒は相変わらず厳重で刑務所側も隙は見せなかったな。

府中に移監になったのは七月下旬だったが、予告なしに前日、戒護主任が監房に来て直々《じきじき》、『行刑管区命令で府中刑務所に移送する』と伝えたんだ。俺は頭を下げ『分かりました』とかしこまって、主任の申し渡しを聞いたんだ。それにしても、東京の刑務所に移送されるなんて想像もしていなかったことだ」

と、白鳥は移送について語る。

〝行刑管区命令〟、形式上は法務庁（筆者注・昭和二十三年＝一九四八年二月、法務庁設置法が施行され司法省が廃止、現法務省）行刑局により移送指揮書が発令され、札幌行刑管区を通じて刑務所に指揮書が通知されたわけだが、実際は、当時、絶対的権限をもっていた連合国最高司令官総司令部（GHQ）民間諜報局（CIS）の、警察・消防・刑務所・海上警備など、治安機関を監督していた公安課（PSD）が決定し、第九軍団、（司令部＝札幌）直轄の札幌地方軍政本部公安課に命じ、刑務所を指揮して白鳥を移監させたというのが真相のようだ。

占領下の刑務所行政に明るく『刑務事故の研究』の著者高橋良雄は次のように解説する。

> 当時、占領軍の力は絶対的なもので、刑務所を管理していたのはP・S・D《パブリック・セフティ・デイビジョン》（民間諜報局公安課）というセクションで、中佐クラスがボスでした。全国の施設はP・S・Dが統轄し、現地監督は軍団、若しくは師団に配置された地方軍政本部の公安課が担当し、ボスは大尉か中尉クラスでした。

その事実は移送時に看守部長として白鳥を護送した原清一（五十六歳）の証言でも明らかだ。

「白鳥の護送のことですか。それはよく覚えていますよ。三十年たってしまいましたが、あのとき（昭和二十三年＝一九四八年七月三十日）の護送は大変でしたな。

府中移送の経緯というのは、当時は終戦後まもない時期で占領軍の力がオールマイティーの時代でした。札幌にあった軍政本部公安課から、脱獄常習犯の白鳥をもっと厳重な刑務所に移せという命令が来まして、どうも、その辺の交渉は上の方（中央）を通じて行なわれたらしく、絶対命令でした。

それと移送には乗り物が必要でしょ。白鳥の護送となると東京までの長距離で、交通機関は鉄道を利用することにしたので、施設側も護送計画を検討したわけですが、あの時代、札幌―東京間を走る列車は本数も少なく、超満員の列車で白鳥を一般乗客と一緒に護送していくなんて、とても危険で考えられないことでした。

それで貨車輸送を検討しましたが、当時の国鉄はＣＴＳ（民間輸送局）の下部機関であるＲＴＯ（鉄道輸送司令部）に押さえられていて、とても白鳥一人のために国鉄が専用車を提供してくれる余裕はなかったんですな。それで軍政本部に交渉するとツルの一声で郵便貨車を出してくれ、我々七人も同乗して貨物列車に連結された郵便貨車で、大宮駅の操車場まで護送したんです。

貨車を大宮で切り離したのは、終着の上野では万が一の事態を考慮しての策だったんですな。護送には一週間かかりましたが、なにしろ相手が脱獄の名人といわれた白鳥でしょ。それとＧＨＱの命令でしたから、もし、途中で逃がしでもしたら大変なことになると緊張の連続でした」

山本連合艦隊司令長官がソロモン上空で戦死した年（昭和十八年＝一九四三年）の四月に網走に移送された白鳥は、二回の脱獄で九六〇日間山中に逃避行を続け、終戦も知らず、一度は死刑の判決まで受け、五年三カ月生活した北海道の地を昭和二十三（一九四八）年七月三十日、離れることになった。

郵便貨車による前代未聞の護送を担当することになった刑務所当局は、護送要員として看守長を指揮官に七人の人員を選抜、白鳥の戒護に当たらせることにした。原清一等七人の刑務官は七月三十日午後九時、夏用の長袖シャツにズボン、制帽に編上靴といった服装で大型軍用拳銃を肩から吊って、手錠、足錠、その上連鎖で縛った白鳥を囲むようにしてトラックの荷台に乗せ、刑務所を出発した。

苗穂を出たトラックは二十分たらずで札幌駅のヤードに到着した。二人の看守が白鳥を担ぎ、周りを六人の輪がとり囲んで待避線に一両だけ停めてある郵便貨車に近づくと、先導の看守が貨車の扉を開いた。内部には、木の檻がしつらえてあることが懐中電灯の明りでハッキリと確認できた。時刻は午後九時半を回っていた。

貨物列車は待避線の郵便貨車を最後尾に連結すると、間もなく出発……。

新聞が白鳥護送を記事にしなかったのは、記者が計画を察知しきれなかったためか、あるいは、GHQ地区検閲部の記事検閲でボツになったのか詳細は不明だが、関係記事は一行も掲載されなかった。

犯罪（者）関係の記事も検閲で全面掲載禁止、削除になる時代。それは警察力の弱体化が国民生活に不安を与え、ひいては占領行政を批判することにつながるとの措置であったのだろう。

護送について白鳥は話す。

「刑務所を出たのは夜で、看守たちと一緒にトラックに積まれたんだ。俺の体は手錠と足錠、それに連鎖で縛られ自由が利かなかったので、体を動かすときは看守に抱えられる格好で、トラックにも貨車にも乗せられたんだな。

駅まではトラックで運ばれ、待避線に停まっていた貨車に乗せられたが、貨車の中には丸太で組んだ檻が作られていて、筵《むしろ》が敷かれ布団が置いてあったが、扱いは動物園の熊なみだったな。しかし、まあ、俺が腹を立てなかったのは、看守も仕事とはいえその貨車に乗り、一緒に寝起きしたからで、中では俺の方が楽をしたわけだ。

飯は刑務所の玄米に雑穀を混ぜたパサパサの突き飯とはちがい、数カ月ぶりに拝むギンシャリ（白米）のむすびに漬物、それに途中からは刑務所が果物なども差し入れてくれ、その上、歌も唄えたから大宮に着くまでの一週間は、大名行列の旅だったな」

護送の道中、白鳥と刑務官の間にはどんなやりとりがあったのか。前出の原に語ってもらう。

「護送は看守長が責任者で、私を含め七人の職員が拳銃携行で戒護していったんです。貨車は郵便車だったので、鉄格子がはまった窓はついていたんですが扉は完全に封鎖してしまい、風通しは悪く、まるで中は蒸し風呂でした。

その上、便器と一緒でしょ。臭くて往生しましたよ。それと白鳥を収容する檻ですが、枕木を組んで作ったんです。手錠、足錠は工場（刑務所の作業場）で溶接して作った特別のものを使用したんですが、護送中、白鳥は文句もいわず温和《おとな》しくしていて、結構、陽気に話をしていました。

食事は、あの食糧難の時代に白米の握り飯が、途中、休止する駅で地元の施設から差し入れられましてね。しかし、それはどうも我々のためというよりも、白鳥のために差し入れられたという感じでした。

それと、こんなこともありましてね。白鳥は、『部長さん、ここからだって逃げようと思えば、いつでも逃げられますぜ』って言うんですな。

道中、退屈だから冗談で言ったんでしょうが、私も、あの時は若かったですから『なにをこの野郎』っていう気負いがありました。しかし、三白眼で一べつされると気持も萎《な》えてしまうんですな。貫禄負けというんですか、態度も彼の方が余裕があって、逆に我々の方が緊張しておりました。

それと一週間という長旅でしたから、彼は退屈して体操をしたり、手錠や足錠をガチャ、ガチャとぶつけたりで、気儘にやってたみたいですが、我々は音が気になって、いつか逃げるんじゃあないかと、気を揉みました。仮眠は交代でしたが、熟睡するのは白鳥の方で、我々は全員、寝不足になってしまいましたな。

又、彼を観察していて驚いたんですが、寝なくても、平気な顔をしているんです。超人的な体力といいますか、あれだけ体力があったからこそ、山中で何年も生活できたんでしょう。内心、私は白鳥の強靱な生命力に、畏怖《いふ》したもんです。

護送中、いちばん印象に残ったことは青森に着いたときのことなんですが、白鳥の感情の激しさというんですか、人間の素直な気持を歌で表わしたんですな。それは青森刑務所からリンゴの差し入れがあって、二つ、白鳥にやったんです。

するとと彼は、両手にそのリンゴを持ってボロボロ涙をこぼし、『部長さん、リンゴなんて久しぶりです。どうもありがとうございました。ここは俺の故郷なんです。お礼に〝津軽よされ節〟を唄わせてもらいます』と言いまして、布団の上に正座すると、

〽アーン　アアン　ア――
よさでヤ　駒下駄のヨサ
緒コア切れた　コノサンヨ――
〽よさでヤ　牛さ乗ってヨサ
尻無川　越えたサアンヨ――

と、腹にズーンと響く声で五番まで唄ってくれまして、それは抑揚のきいたいい声をしてました。あのときは夜で、ランプの明りの下で唄ってくれたんですが、白鳥の顔は恍惚としており、我々はうっとりと聞き惚れてしまいました……。そんな思い出があるんです」

原の話を、白鳥に確認してみた。

「看守が七、八人同乗していたのは本当だし、貨物列車なので動きは緩慢だった。それで俺は退屈してしまい、看守にはよく話しかけたし歌も唄ったことがあるな。涙を流したのは青森で看守がリンゴをくれたことが嬉しくて、それで、せめてものお礼にと〝津軽よざれ節〟を唄ったんだ。他にも〝ネプタ〟や〝津軽山唄〟も唄って……まるで俺の独演会みたいだった。中では寝る時間がタップリあったので二、三日は寝なくてもなんでもなかったが、看守の方がせんべい布団にくるまって、交代で二十四時間、俺のことを監視していたので、道中、大変だったと思うよ」

白鳥が話すように、札幌を出発した貨物列車は途中、函館、青森、盛岡、仙台、福島、宇都宮と刑務所所在地の駅に停車しながら、七日目に大宮駅に到着した。

大宮から府中刑務所までの護送について、原は話す。

「操車場の側線に運ばれた郵便貨車が、外から開けられたときはホッとして、一週間ぶりに思いきって吸った空気の美味いこと、それこそ口をパクパクして吸い込んだもんです。それに警備が厳重でして、府中の職員は拳銃を携行し、警官も多数貨車の周りを囲んでいました。

警備陣の中にはMPもおりまして、白鳥を檻から出すと、二人で担いで刑務所の幌付きのトラックに乗せ、我々七人も同乗して府中に向かったわけです。大宮からはMPのジープが先導して、ノン・ストップで走りましたな。

護送の一週間はホント、緊張の連続で府中に着いたときは気が抜けた感じで、ガックリしてしまいました……」（昭和五十三年＝一九七八年三月取材）

ＭＰの先導について、白鳥には実感があったのだろうか。

「着いたのは、大宮駅の貨車がまばらに停まっている広い構内だった。そこには俺の逃走を警戒するため、大勢の巡査や刑務所の看守が待っていて、貨車から降ろされると担がれて、周りを人垣に囲まれ待機していたトラックに積み込まれたんだ。

トラックの近くに、アメリカの兵隊までジープで来ていたのには驚いたな。サイレンを鳴らして車が走ったことは覚えているが、どんな道を通って府中刑務所まで辿り着いたのか全然分からなかったし、府中に着くまでトラックは途中、一度も停まらずに走っていた……」

札幌から府中刑務所までの護送について、白鳥は刑務所側が丁寧に扱ってくれたと、妙に感心していたが、刑務所側はＧＨＱの命令で移監させるため、護送の途中、万が一不測の事態でも起きたらと、その点を危惧して、白鳥に刺激を与えないよう扱ったのではないか。とまれ、無事、府中刑務所に移監された白鳥は、これから先、仮出獄で出所する日まで府中刑務所での生活が続くことになる……。

府中在監

公安課が指定した〈もっとも厳重な府中刑務所〉とはいかなる刑務所なのか。

東洋一と称される府中刑務所は西の大阪刑務所と対比されるマンモス刑務所で、発祥は池波正太郎描くところの鬼平こと〝長谷川平蔵《へいぞう》〟の活躍した時代、寛政二（一七九〇）年にまで歴史はさかのぼり、江戸佃島《つくだじま》に平蔵が拓いた石川島人足寄場《にんそくよせば》（無宿人や無頼の徒を収容し、衣食を官給して搾油や土木工事の仕事をさせた幕府直轄の授産所的な施設）が、府中刑務所の淵源《えんげん》になっている。その後、明治になってからは石川島徒場（明治三年＝一八七〇年）と呼び名が変わり、佃島には明治二十八（一八九五）年まで石川島監獄署がおかれていた。巣鴨（豊島区東池袋三丁目・スガモプリズンのあった場所）に移ったのが明治二十八（一八九五）年十月。以後、巣鴨監獄、巣鴨刑務所と名称が変わったが、大正十二（一九二三）年九月一日の関東大震災で刑務所が灰燼《かいじん》に帰したため、移転候補地として現在の府中に白羽の矢が立った経緯がある。

起工されたのが大正十三（一九二四）年九月、完成は昭和十（一九三五）年三月、十一年の歳月を費している。

当時刑務所の周りは一面雑木林と畑に囲まれた武蔵野ヶ原と呼ばれる辺鄙《へんぴ》な土地で、人家らしきものは、京王線（当時は京王電気軌道の名で営業していた）府中駅の周辺にあるだけ。そんな田舎に後楽園球場の約七倍、二十八万平方メートルの用地に鉄筋の建物が二十一棟一万六千四百坪、収容定員二千四百八十八名の規模をもった府中刑務所が誕生したから、府中は一躍刑務所の町として有名になった。

刑務所落成式には来賓を含め二日間で二万一千人の人が刑務所を見学している（府中町の人口は当時四千八百人）。刑務所が人を呼ぶなど、当時としてもよほど珍しかったのだろう。又、戦前の一時期、所内の一角には治安維持法違反等で検束された政治犯を収容する、東京予防拘禁所が併設された時代もあり、共産党の大物〝徳田球一〟〝志賀義雄〟〝西沢隆二《たかじ》〟〝黒木重徳《しげのり》〟等も拘禁され、府中組と呼ばれていた。

都心にはバラックが建ち、マーケットのスピーカーからはパンチのきいた〝東京ブギウギ〟のメロディーが流れた昭和二十三（一九四八）年夏、白鳥は府中刑務所に収容された。この時代、街の治安状態は最悪であった。巷では、〝寿産院《ことぶきさんいん》乳児大量殺人事件〟〝帝銀事件〟、日本人ヤクザと朝鮮人が抗争した〝浜松事件〟、朝鮮人による〝兵庫県庁占拠事件〟、町ぐるみで暴力を起こした〝本庄事件〟等、無秩序な市民社会には殺ばつとした犯罪が多発し、全国各地の刑務所は、刑法に規定された罪種のほとんどの犯罪者を飲み込んで、過剰拘禁にあえいでいた。

当時の刑務所は、定員の五〇パーセントから二〇〇パーセント増の受刑者を抱え、監房には収容しきれず廊下にまで受刑者を並ばせて収容するありさまだった。府中刑務所にしても状況は同じで、定員の五〇パーセント増の三千七百人からの受刑者を収容している状態であった。

犯罪者の急増について「GHQの新聞検閲」の結果を、

「昭和二十一年度の刑事犯罪事件総数は八〇三、二六四件に上り昭和二十二年度の推定件数は一月より三月までの刑事犯罪件数を四倍にして算出したものであるが、その後、激化したインフレによる生活難のため、犯罪がさらに増加することが予想されるのみならず、この統計にのらない犯罪を合算すれば、実数は百万件をはるかに突破するものと思われる。ことに最近累犯激増の傾向がいちじるしく、昨年度は犯罪者総数の約七〇パーセントが累犯者だ」

と、読売新聞の社説が解説している。

白鳥は戦後、日本がもっとも混乱していた激動期に府中刑務所に移送されてきた。

入所時を思い出して、白鳥は話す。

「府中刑務所で鈴木所長さんに会うことがなければ、俺は果たして模範囚でいられたかどうか、それに、仮出獄で娑婆に出られたかどうかも分からなかったな。なんといっても鈴木所長さんは、俺にとって恩人なんだ。それは、俺を人間として認め、扱ってくれた人だからだ。所長室で手錠、足錠を外すように命じてくれたのも、所長さんなんだ……」

所長室に白鳥を招じ入れ、手錠と足錠を外すことを部下に命じたのは鈴木所長であった。

戒具をはずされた白鳥が収容された監房は、三舎第一房で担当台にもっとも近い位置にあり、外見の構造はほかの独房となんら変わるところのない造りになっていた。

当時（昭和二十三年＝一九四八年六月〜昭和二十六年＝一九五一年三月）府中刑務所で、管理部長の職にあった英保初生《あぼはつお》（七十六歳）は姫路の自宅で、白鳥の府中時代について、次のように証

白鳥が 1948 年 8 月に移監された府中刑務所全景。1935 年に東洋一の刑務所として完成。

言する。

「私が在任中の所長は鈴木英三郎さんで、白鳥が府中に送られてきたときは手錠、足錠、連鎖がかけられていました。それは普通の戒具ではなく、溶接で目つぶしが施された特別の戒具で、鈴木さんは所長室でその戒具を外すことを命じ、私は、管理部長室で金鋸を使って手錠、足錠を切ったことを覚えています」

ついで英保は、白鳥を収容した監房について説明する。

「刑務所側は白鳥が送られてくるというので、事前に鈴木さんの諒解のもとに保安の幹部が検討して、白鳥用の特別の監房を二カ房、改造して用意していたんです。その監房は独房で、一見して普通の独房となんら変わらないのですが、房扉には厚さ四ミリの鉄板を二枚重ねて入れ、水洗便所の床下にも鉄板を張って、土台のコンクリートも補強したんです。勿論、窓の鉄格子も高周波の焼き入れをした鉄棒を使用しましたから、内部から破ることは不可能でしたね。

それと舎房の外には電柱を立て、外灯まで取り付けて、白鳥の部屋が外からでもよく監視できるようにしたんです。また、二カ房を一週間に一度、交互に転房させ、白鳥の逃走に備えたんですな」

所内生活について、白鳥の話は続く。

「鈴木所長さんのお陰で俺の府中時代は〝自由〟があった。それで、所長さんの恩義は忘れない、絶対に逃げないと約束したんだ。そして模範囚になるため頑張り、一級までいったんだ。はじめて仕事をさせてくれたのも所長さんで、最初は昼夜独居の房内で、封筒貼りと糸つむぎの仕事を与えられ、一年ぐらいしてから次は炊場（筆者注・受刑者の食事をつくる調理場）で精米工の仕事をやらせてくれたんだ」

白鳥はたしかに模範囚として処遇上の最上級（筆者注・累進処遇令に基き受刑者は四、三、二、一級と処遇がランク付けされ、上級に進級するに従い、所内生活の制限が緩和される）である一級にまで進級していた。しかし、服役中の前半は必ずしも模範囚とはいいがたく、むしろ問題収容者、不良囚であった。

前出の英保は、白鳥の受刑生活について話す。

「結果として白鳥は仮出所したわけですから、よく頑張ったと思いますが、在所中は結構反則もやり、〝反則太郎〟でした。仕事場については鈴木さんの指示があり、はじめは房内作業で、次いで炊場の中にある精米工場で精米工として就業させたんですが、その職場で反則をやっていたんですな。

当時、受刑者には主食として三分づきの米を給与しており、玄米は、麻袋のドンゴロスに入れて食糧倉庫に保管していたんです。白鳥は精米工でしたから、倉庫には自由に出入りできる立場にあり、その役職を利用して反則をやっていたんです。

捜検のとき、倉庫のドンゴロスを全部どかして、床板まではがして調べたんです。すると、どうですか、床下からは肉、魚、砂糖、うどん粉、餅、おまけに手製の電気コンロまで出てきて、反則品の山でしたよ。量はリヤカー一杯分ありまして、その上、仕事中にドンゴロスの陰に隠れて餅を焼いて喰っていたんですからな。

反則が確認できると取調べに付したんですが、白鳥は不貞腐れて調べ室で『ここだって逃げようと思えばいつでも消えてみせる』と職員を恫喝《どうかつ》する始末で、てこずらせましたが、白鳥に対する懲罰は軽屏禁《けいへいきん》二カ月の最高を言い渡したんです。要は毅然《きぜん》たる態度で臨むことが必要だったんですな」

紀律違反についての英保の話を、白鳥にぶつけてみた。

「所長さんと違い、アボなんとかいう管理部長はうるさい男で、俺のことを目の仇にしていたんだ。反則はたしかに所長さんとの約束を破り迷惑をかけたが、懲罰二カ月は俺に対する報復だったんだ。それと、アボは、鈴木所長さんが指示することに反対ばかりして、取調べのときも『所長はお前のことを甘やかしているが、俺は紀律違反はビシビシ取締まって見逃さないから、府中にいる間は覚悟して務めるんだ』と、俺を威圧していたんだ。だから俺と管理部長は、いつも敵対していたんだな」

当時、英保は保安部門の最高責任者として、白鳥の処遇にタッチしていた。

「あの時代（昭和二十三年＝一九四八年）、府中刑務所は三千七百人からの受刑者を収容しており、悪《わる》が多くいて所内の秩序維持には、ずいぶんと苦労したものです。その中で白鳥は他の受刑者から一目も二目もおかれた存在だったんです。ですから、白鳥を甘やかすと他囚への影響が出て処遇の公平さを欠くことになり、ひいては、施設の秩序が乱れてくるので、とくに白鳥の処遇は他囚に比べると厳しい扱いをしたんです。

まあ、しかし、そのことは白鳥に対する個人的な感情ではなく、紀律の厳正を保つに必要な措置だったんです。

それと白鳥は自分から『府中刑務所は逃げきれない』と謝ったことがありまして、それにはこんな経緯があったんです」

英保の話は昭和二十四（一九四九）年のことで、白鳥が二カ月の軽屏禁に処せられた後のことであった——。

「解罰、これは懲罰を解除する意味なんですが、二カ月の軽屏禁を解罰して精米工から次の仕事場に出役させたんですが、この時期、白鳥はまだ、他囚と協調して仕事をするほど精神的には安定していなかったので、一人で外塀の際にある花壇で花づくりの仕事をさせたんです。

このときは、白鳥に分かるようにして戒護には一人の職員を配置しただけでしたが、塀の外には哨舎を作って警備隊を常駐させ、隊員には実弾を装填した拳銃を携行させたんです。

そして、万一、白鳥が逃走するような素振りを見せたら『射殺してもよい』という命令を出しましてね。この時期、白鳥を監房の外に一人出すことは逃走の危険があって、幹部職員は反対したんですが、鈴木さんの指示で出すことを決定したんです。それで、警備には万全を期すため哨舎まで作ったわけで、白鳥一人のために警備隊員五人を配置したんですな。

そのことが後日、白鳥の耳に入り、逃げることの無意味さといいますか、施設側の対応が分かったらしく、本人も反省したといいまして、それ以後は職員の指示にも素直に応じるようになり、反則もやらなくなりましたな……」

白鳥は懲罰後の受刑生活を回想して、

「懲罰を解かれて、また仕事をするようになったが、精米工場には出役させてくれず、次にやらされたのは〝花づくり〟の仕事だった。花壇作りをしたり、植木に水をやったり、堆肥を作ったりで、花の面倒を見る仕事をやっていたんだ。

朝、監房を出ると二人の警備隊の看守が俺を検身室まで連れて行き、そこで検身を済ますと、作業小屋へ行って担当の看守に引き継ぎ、一日の仕事がはじまるんだ。

はじめは、年寄りの看守が一人しか戒護してないことで、管理部長は俺の逃走を恐れて特別大事に扱うようにしたと思っていたんだ。ところが様子がだんだん分かってきたのは、俺の見えないところで警備隊が二重、三重に警戒しているんだな。それで刑務所の手の内を知ったが、でも、花づくりの仕事は性に合っていたので、毎日楽しくやっていた。

そのうち、看守とも田舎のこと、家族のこと、娑婆のことなど、いろんなことを話すようになったんだ。そして、この担当さんは『白鳥が憎くて厳しく扱うんではない。先々、なんとか仮出獄の恩典を与えたい。それで、紀律ある所内生活を過ごさせるため、職員が厳しく当たるんだ』と、話してくれてね。

俺は、その話を聞いて、所長さんばかりかみんなが俺のことを心配していることを知り、今まで、なにか気にくわないことがあると、なんでも、所長さん、所長さんと〝特別面接願〟を出し、所長さんがいる間は約束は守るが他のエライさんや看守の指示には従わない、なんて勝手なことをいってたことが恥ずかしくて、それで管理部長に『これからは反則はしない、逃げるなど絶対にいわない』と詫びをいれたんだ――」

白鳥は老看守の言葉に自分の我儘《わがまま》な行動を羞じたという。前出の英保はいう。

「本人を疑えばきりがないことで、その時は白鳥の虚心坦懐さを信じたんです。うまくいえませんが、刑の執行は厳正であっても、行刑の本質は愛情だということですかな。

その後、白鳥は園芸の仕事を真面目にやってまして、一年後にはまた元の精米工場に転業させたんです」

以後、仮出獄するまで白鳥は精米工場を動くことはなかった。再出役して間もない時期、精米工場の隣りにある炊場で鉛筆を握り、職場の風景をスケッチしていたこともあった。

白鳥は絵を思い出して、

「その絵というのは多分、物干し場を石炭庫の屋上から炊場に移したときの絵だと思うな。炊場で働く懲役の洗濯物は石炭庫の屋上で乾かしていたんだが、そこは洗濯物で陰になるため、懲役が担当の目を誤魔化して反則をしたり、喧嘩したりで問題があった場所なので、それで、物干し場を下の炊場に移したんだ。

絵を描いたのには別に深い意味はなかったが、何十年ぶりかに描いたんだ……」

白鳥が他の受刑者と一緒に働く機会は、府中がはじめての経験だった。そして、転業後は反則事故もなく過ごしている……。

その間、塀の外では社会が大きく変化しはじめていた。朝鮮戦争がはじまり、世の中はドッジライン以来の不景気風がふっ飛び、産業界は鉄鋼、繊維の金へん、糸へんの特需ブームで沸いていた。そして、白鳥にとって仮出獄への最初のステップが訪れてくる。それは、昭和二十七（一九五二）年四月二十八日に発効した〝講和条約〟による刑事犯に対する減刑恩赦の措置で、白鳥も懲役二十年の刑が十五年に、懲役三年の刑が一年八カ月に減刑された。

白鳥はそのときの心境について、

「鈴木所長さんは転勤したばかりで、次の所長さんに所長室に呼ばれたんだ。そして、減刑書類を読みながら、伝えてくれたんだな。その時の気分は、なんていうか、トンネルの向う側の明りが、かすかに見えたっていう、そんな気分で、仮出獄への希望が持てた日だった――」

と語る。

模範的な受刑生活といえば、前出の英保は白鳥と小鳥の話をしてくれた。

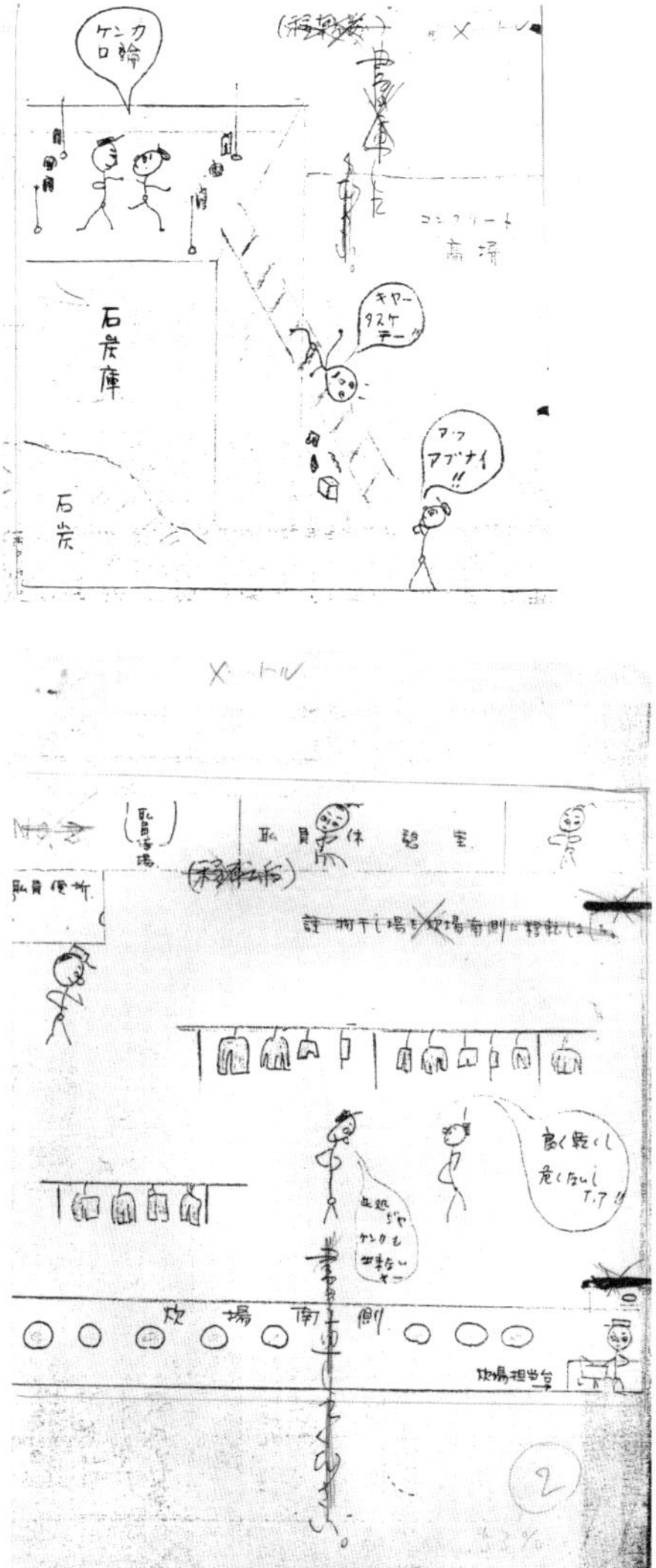

府中刑務所時代の白鳥の自筆スケッチ1・2

「当時、府中刑務所には受刑者を慰問してくれる〝小さな奉仕の会〟という慈善団体がありまして、会長の東守代さんが白鳥に小鳥を一羽、差し入れしてくれたんです。白鳥は非常に喜びましてね、その小鳥を大事に飼っていたんですが、ある日、小鳥を逃がしてやりたいといいだしたんです。話を聞いてみると白鳥はこういうんですな。『いくら大事に飼っていても、カゴの鳥は所詮《しょせん》、カゴの鳥で自由がない。自分も鉄格子の独房に入れられたカゴの鳥で、毎日、小鳥を見ているとやりきれなくなる。せめて、小鳥だけでも自分の心を託して自由な大空に逃がしてやりたい』と。私は白鳥の心情を聞いて、つくづく思いました。愛情など無縁に生きてきた男が、一羽の小鳥で心がそこまで透明になるものかと、内心、感激しましてね……。

それで放すことを許しまして、鳥カゴを持たせて運動場へ一人で行かせたんですが、今でも、その時の光景は忘れませんな。白鳥は鳥カゴを抱えて小鳥を掌にのせると、空に放ったんですが、小鳥が見えなくなるまでその場を離れず、ジーッと小鳥が飛んでいった方角を見つめているんですな。そして、我々職員が待機している場所までもどってきたんですが、白鳥は目を真赤にして『二度と小鳥は飼いませんので鳥カゴを返します』というんです。不謹慎ないい方ですが、白鳥のあの時の涙を〝鬼の目にも涙〟というんですかな。

それと仮出獄の一件ですが、私が府中を離れてだいぶ後のことになりますが、所長合同の折りに聞いたんです。彼の場合は非常に難しかったそうですが、それでも、歴代の所長以下職員が、なんとか社会復帰させてやりたいと刑務官会議に図り、委員会（筆者注・地方更生保護委員会）に対して再三、仮出獄の上申をしたそうです」

英保初生は三十年も前の白鳥との出合いを、昨日のことのように覚えていた。彼にとって白鳥と共に過ごした数年間は、刑務官生活三十六年の記念碑であったかも知れない。（昭和五十四年＝一九七九年九月取材）

白鳥が仮出獄の希望を失うことなく模範囚として受刑生活を送ることが出来たのは、所長一人の力ではなく、それこそ白鳥が名前すら記憶していない、組織の末端につらなる現場の刑務官一人一人の無言の励ましがあったからこそ、仮出獄への道が開かれたのではないのか。

刑務官の階級は「看守、看守部長、副看守長、看守長、矯正副長、矯正長、矯正監」の七階級が制定されており、受刑者と日常いちばん接触の多いのが看守、看守部長クラスである。辞令の上で階級発令されるのは副看守長まで、それ以上は「免看守長」という発令になり、それらの人の制服の着用は義務づけられていないので、私服勤務ができる。そして、職員の大半を占める看守部長以下は、刑の執行者だという職業意識が旺盛で、受刑者を人間関係の中で捉え、理論より実践、思考より感覚で問題処理していく。いわば職人気質《かたぎ》の刑務官が多いのも事実だ。

白鳥の記憶にすら残らない工場担当の刑務官の平均的な一日は、ハードスケジュールで神経を磨り減らしている。

七：一五　出勤。
七：二五　職員点呼、当直看守長から服務上の訓示がある。舎房へ行く。受持ちの収容者を工場に連れて行く。検身場で、警備隊員が収容者たちの検身を済ます。工場に入る。作業安全などについて訓示を与え、収容者たちをそれぞれの役席につかせる。この時が一番緊張する。収容者は、前夜、居室でいざこざがあった場合、翌朝、工場でその結着をつけようとすることがあるからである。
八：〇〇　作業開始。

九：三〇　交替職員（B看守）が来る。受持ち人員と要注意者について的確に引き継ぎ、保安本部に行く。上司に工場の状況について報告し、待機室で緊張をほぐす。
一〇：〇〇　工場に行き、B看守から引き継ぎを受ける。
一〇：三〇　医務課の保健助手が薬品箱を持って巡回に来る。
一一：二〇　炊場から昼食が運ばれてくる。配食係収容者を呼び、工場内の食堂で給食の準備をさせる。
一二：〇〇　交替看守（B看守）と替って職員食堂で昼食をとる。
一二：三〇　工場にもどる。
一三：〇〇　作業開始。
一四：〇〇　交替職員（B看守）が来る。午前中と同じことを反復する。
一六：三〇　作業終了。全員に「作業やめ」の号令をかける。収容者を整列させ、点呼をとり、一日の出来ごとについて訓示し、器具の点検、電源を止め、舎房への繰り込みの準備をする。
一六：四五　朝、舎房から出てきたのと逆の順序で、還房する。
一七：一五　夜勤職員と一緒に収容者の点検。
一七：三〇　職員点検、退庁準備。

このように緊張した職場で勤務を続けていくためには、やはり、刑の執行者という強烈な職業意識が支えになっているのではないか。

白鳥の所内生活も、職員の指導で時間がたつにつれて精神的な安定を回復し、表情にも明るさが増してきた。

斎藤弁護士に出した手紙に、

「十年前、先生には札幌拘置所、警察において一方ならぬお世話様になり改めて厚く厚く心よりお礼申し上げます。そして本年九月三十日より一年八カ月の刑に執行順序を変更するとの言い渡しを受けました」とある。昭和三十二（一九五七）年九月三十日に、刑の執行順序の変更と、講和恩赦で減刑された懲役十五年の刑と執行一年八カ月の刑のことを斎藤弁護士に知らせていた（筆者注・刑事訴訟法四七四条の規定で二刑以上の主刑の執行は、罰金及び科料を除いては、その重いものを先にすると定め、仮出獄については刑法二八条で、有期刑については其刑期三分の一、無期刑については十年を経過したる後、行政官庁の処分を以て仮に出獄を許す、と規定している）。

執行順序の変更は、講和恩赦の時点で執行中の無期懲役（一刑）を懲役十五年（三刑）の後に執行する変更手続きが終っている。即ち、刑の執行順序は「二刑」、「三刑」、「一刑」の順となり、計算上は白鳥の三刑の懲役十五年（減刑後の刑期）は七年二カ月を務めたことになり、二刑の懲役一年八カ月は刑の執行を終了し、次いで、三刑の仮出獄への申請（書類上のみ）にトライしていた。

白鳥は刑期について話す。

「減刑、執行順序の変更と、仮出獄への希望が強くなってきたのは、二度目の変更を知らされたときからだった。それて、嬉しくて、斎藤先生に手紙を書いたんだな。あの頃は、俺も一級に進級して〝所内では自由〟の身で炊場にも自由に出入りし、他の懲役とも話す機会はずいぶんあった。

しかし俺の周りは刑期の短い懲役ばかりで、二、三年の間に十人ぐらいは出入りがあり、先に出た男が二、三カ月ぐらいするとまたもどってきて〝娑婆〟の話をするんだな。その時は俺も無性に娑婆に出たくなって、刑期の長いことをうらめしく思ったもんだ……。

それでも、運動会とか相撲大会とか慰問演芸を見ては心を鎮めていたんだ」

府中刑務所での白鳥の生活を知るもう一人の証言者、元所長の荻生治雄（七十六歳）に会う機会があった。

「当時、私は府中刑務所に勤務しておりまして、白鳥君とは三十二（一九五七）年からちょうど三年間付き合いましたが、彼にはいろいろ思い出があるんです。

なにしろ白鳥君はあれだけの人間ですから、所長が交代するとき、彼の処遇については必ず所長引き継ぎ事項として入っていましたからね。

私が在任中、あそこでは年一回、秋に収容者の相撲大会がありましてね。彼はいつも横綱を張っていまして、かなう者はいませんでした。所内での仕事は一人で精米工をやらせていましたが膂力《りょりょく》があって、両手に米六〇キロ入りのドンゴロスを一俵ずつ持ち、手が水平になるところまで軽々と持ち上げてみんなを驚かせたことがありまして、並はずれた力の持主でした。

彼にはいろいろと伝説化された話が流布《るふ》しているようで、とくに人間的には悪意をもっていわれていることが多いようですが、私が彼と三年間付き合って感じたのは、純朴な心の持主で、非常に律儀な男だったということです。しかし、反面、社会生活が長期にわたって中断していたため、人間嫌いというか、協調性に欠けるところはありました。

それと、彼の処遇でいちばん気づかったことは、社会復帰への訓練と日常性を取りもどしてやることでした。なにしろ、ルーティン・ワークとしての社会生活を忘れてしまった男ですからな」

昭和三十四（一九五九）年六月五日、白鳥は八年九カ月の刑期を務め、三刑の懲役十五年の刑を書類上の仮出獄で終了し、引き続き残る一刑の無期懲役を務めることになった。この時期、白鳥は逃走への気力が全く失せていた。

入所時、鈴木所長の計らいで手錠、足錠をはずされた白鳥だが、十一年余り務める間に所長も本田、荻生、西と交代していた。また、白鳥にとっても、この時期は仮出獄への正念場でもあった。法律上、無期懲役でも、十年を経過して服役していれば仮出獄の対象にはなるわけで、三刑の仮出獄（書類上）が認められた昭和三十四年六月の時点で、白鳥の服役期間は二十五（一九五〇）年一月以来、九年五カ月を経過していた。

ここで刑期を整理してみる。
●昭和二十七（一九五二）年四月二十八日＝講和恩赦により三刑を懲役十五年、二刑を懲役一年八カ月に減刑され、刑の執行順序変更の手続きがなされた。
●昭和三十二（一九五七）年九月三十日＝二刑（懲役一年八カ月）終了。
●昭和三十四（一九五九）年六月五日＝三刑を八年九カ月務め仮出獄（書類上）で終了し、引き続き一刑を務める。

以上の通りだが、有期刑の務めが終了する二年前の昭和三十二（一九五七）年十月、斎藤弁護士が白鳥に面会するため札幌から上京してきた。その時の感動を白鳥は後日手紙で、斎藤宛にこう書き送っていた。

せめて小生にできることはお世話になった方々に心から安心してもらえる白鳥となることです。そうです。ほんとうに無知無能な私でも人生の大義を悟り、二度と決して皆様にはご迷惑はかけまいと心に誓っている次第でございます。先生の恩情が身にしみて夜ひとりぼっちになりますと、男泣きに泣いている私なのです――

当時の心境について白鳥は、
「仮出獄への期待と不安で、俺もだいぶ落ち込んでいたんだな。そんな時分に斎藤先生が札幌からワザワザ俺を訪ねてきてくれたんだ。先生は面会室で『君がだいぶしょげ込んでいるので機会があったら激励に来てやってくれ、と荻生所長から頼まれた』と話されて、その時は本当、嬉しかった。先生に『必ず出られるから隠忍自重して健康に留意しろ』と激励されて、面会室で俺は泣いてしまったんだ。

手紙の文面はかすかに覚えているが、たしか、斎藤先生の恩情に対するお礼だったと思う。それと、荻生所長さんも俺のことをそんなに心配していてくれたのかと、感謝の気持でいっぱいだった」

有期刑は三十四（一九五九）年六月に終了し、残る問題は無期懲役刑と彼自身のことにあった。昭和三十六（一九六二）年十二月に仮出獄になった白鳥ではあったが、刑務所からの仮出獄申請を地方更生保護委員会が三度、却下した事実もあった。

仮出獄許可は、

①悔悟の情が認められること。
②更生の意欲が認められること。
③再犯のおそれがないと認められること。
④社会の感情が仮出獄を是認すると認められること。

この四つの基準を満たすことが条件であるが、白鳥の場合、欠格事項がないにもかかわらず難しかったのは、引取人の問題と脱獄歴が委員会に二の足を踏ませたようだ。又、白鳥と関係のあった四人の所長にとっても、処遇と併せて仮出獄のことが最も頭を悩ました問題であったという。

白鳥は、その間の〝待ち〟の生活について話す。

「最後の務めの無期については、所長さんから言い渡しがあった。そのとき、仮出獄については〝希望〟を持つようにといわれただけで、まさか二年先に出られるとは、努々《ゆめゆめ》考えてもいなかった。それでも人間、希望はもてるが期限のない日を待つという気持は、まるで、針の筵に座らされた気分だった。

府中に送られて十年余りの歳月がたっていたが、それまでは仮出獄につなぐ希望はそれほど強いものではなかった。しかし、有期が終了し、残る刑の無期を務めていることを改めて告知されると、その日から一日の終るのが長く感じられて、毎日毎日壁に張ったカレンダーの日付を消していたんだな。

それでも、仕事をしている日はなんとか気分を紛らすことが出来たが、免業日の日は一日、監房で過ごすので〝時間が止まった〟みたいに、一日が長く感じられるんだ」

白鳥は園芸作業から転業して十年来、精米工の仕事に就いていた。

受刑者の日常生活は、起床から就寝まで動作時限が総て時間で進行する。

六：四〇　起床。
七：二〇　洗面、房内掃除、点検、朝食（房内）。
七：四〇　出役・作業開始。

一一：四〇　休憩・昼食（作業場に付属した食堂）、運動ができるのもこの時間。
一二：四〇　作業開始（この間十五分間休憩）。
一六：四〇　作業終了。
一七：〇〇　入浴（週一回）、還房、仮点検、夕食（房内）、自由時間。
二〇：五〇　本点検。
二一：〇〇　就寝

作業時間は当時一日八時間、一週四十八時間が科せられていた。日曜、祝祭日は、免業日で作業は休みとなるが、刑務所の生活は厳しい。時間で生活がしばられ、およそ、自由とは縁遠い紀律と番号の世界で、二十四時間、受刑者は職員に監視されている。

次いで、入所から工場出役までの順序を説明する。

①新入調室で本人かどうか確認される（本籍、現住所、氏名、生年月日、刑期、罪名等）。
②問診による健康診断と身体的特徴のチェック（傷や刺青の有無）。
③新入房と呼ばれる独房に入れられる。
④精密健康診断（触診、レントゲンの間接撮影、身長、体重、視力、聴力測定）。
⑤分類調査で個人の資質鑑別（心理テスト、施設適応、紀律訓練、作業適性などの各種テスト）。
⑥作業能力を判定するため、新入者だけの工場に出される。

⑦調査結果が総合判定されると作業職種が決まり、四級に処遇され、雑居か独居の居室が指定されて工場出役ということになる。

一般的にはこのプロセスで刑務所生活がスタートし、出所までのマラソンレースがはじまるわけだ。

私は白鳥を取材中、彼の府中時代を知る同窓生はいないものかと、その道に明るい沖仲仕のボーシン（世話役）の伝《つて》で横浜寿町のドヤ街を訪ねた。ボーシンが紹介してくれた人物は「俺は府中大学卒」だとおどけてみせたGであったが、白鳥のことは知らなかった。だが、昭和三十年代の府中刑務所の経験者で、彼は、ハマで沖仲仕をしており、五十六歳だというが年よりだいぶ老け込んで見えた。「人生のシワ」が多いせいだろう。最近は四日に一度仕事があればいいほうで、アブレの日が続くとぼやく。

Gが話してくれた刑務所は陰惨なものではなく、むしろ楽しんできたという感じで、〝ムショ帰り〟によくある怯《おび》えとか、羞恥心などはまるでなかった。

Gは、この世界の仲間がいうところの〝勲章〟持ちで、甲府を振り出しに網走、大阪、神戸と何度か出入りしているうちに、結局、府中には三度ほど世話になったと話す。

「もっとも府中は三回ともションベン刑（短い刑）だったけどよ」

と、照れながら、酒焼けした人なつこい顔で私を覗き込む。

昭和三十年代の府中刑務所について得々と語ってくれた「別荘暮らし」の内幕には、それなりの〝刑務所哲学〟というのか〝ムショ生活の知恵〟というものがあって興味が尽きない。

たとえば火のないところで厳禁のネッコ（タバコ）を入手したときの火のつけ方は、

「火をつける方法で流行《はや》ったのは〝電パチ〟とか〝ゴリ〟だろうな。電パチは、電灯がパチパチ鳴るところからそんな名がついたんだ。2Bとか、3Bの濃い鉛筆の芯をつかう。電球をはずしたソケットの内側に、その芯を何度も押しつけたり離したりしていると、黒鉛が赤くなる。それにネッコをつけると火がつくって寸法だね。

コツは手順よく、素早くやること。ヘタやらかすとショートして停電になっちまうからね。オレも一回、ドジを踏んで二十日間の懲罰をくらったからね。それからはシテキン（見張り）には神経をつかうようになったけどよ」

〝ゴリ〟とは何か。

「材料はね、セルロイド、綿、ゴザの芯、歯磨粉（チューブ入りのペーストではなく、袋に入った粉）、こんなものが材料だね。

歯磨粉を伸ばした綿の上にふりかけて、ゴザの芯を入れてよ、水でチョッと濡らすときにコツがいるんだな。あとはまるめた綿を床に強くこすりつけて、ゴリゴリ回していりゃあ火がね――」

と、器用な手つきで実演してくれた。

それから彼は、

「あんた、アンコ、カッパって話を聞いたことがあるかね」

と、私に尋ねてきた。つまりホモ関係のことである。

「カッパが男役で、アンコは女役。ムショに長年いると、力のあるものは大なり小なりその気になるんじゃあないかね。アンコの方は若くて面のハクイ（きれい）のがなるし、甘ショク（特別献立でマンジュウ、汁粉が出る）のときは旦那から差し入れがある。つまり、旦那は自分が食べずに甘味品をアンコにプレゼントするわけだ」

フランスの泥棒作家〝ジャン・ジュネ〟が『泥棒日記』に、

「……しかし、どうしてわたしは、そうしたヴェールの下のあの殺人者の豪奢《ごうしゃ》な筋肉組織を、その性器の凶暴さを知らずに過ごしたはずがあろう。……もっともたくましい連中、隆々と張り切った、もっとも〈固い〉徒刑囚たちの、蚊帳《かや》の網布におおわれた姿を――わたしは、つまり、徒刑場との関連において愛を追求してきたのだ」

と書いた獄中の同性愛の姿を、Gなりに表現したわけである。

「なかにゃあ、あくどい懲役もいるから、ヤジ公（職員）も大変だと思うよ。オレなんか要領で突走っちゃったから、ヤジ公のズケ（受け）はよかったほうだね」

Gの話には誇張もあり、自己顕示もあるだろうが、府中刑務所の生活を懐かしむように語ってくれた。

別れ際に歌ってくれた「ムショ節」とでもいうのだろうか、この唄は妙に私の印象に残り、生々しい現実感があった。

〽起床、点検、シャリ三本
点呼、点検で日が暮れて
明けりゃ、満期が近くなる
一日すごすにゃ、要領が必要
ハイのハイのと返事をしてりゃ
いつの間にやら二級生

Gはションベン刑で三回服役したと話していたが、収容されている受刑者の大半は短期刑のもので、平均刑期は一年八カ月。勿論、白鳥のような無期プラス有期刑を科せられた受刑者は他にいない。

Gの話を白鳥にしてみた。

「その男は懲役太郎だな。刑務所も五、六回出入りしていると立派な太郎さんでね。その男がいうように、あの世界（刑務所）にはいろいろと隠語があるんだ。

たとえば服役のことをアカオチ、意味は戦前の懲役は赤色の囚人衣を着せられたからなんだ。

それから甘ショクは甘味品のことで、長シャリはうどん、ソバ類のこと、里芋は田舎娘で大根を旅役者というんだ。インデアンはカレー汁のことで、インデアン印のカレー粉からきている。

豆腐は白レンガ、形状が似ているからだ。

それからチンコロは密告、ツッコミは強姦のことで、テンプラは教誨師《きょうかいし》、意味は衣を着ているが中身がないということ。それとドジはさつまいも、ドブ板は昆布、ラビットはうさぎの好物でおからのこと。魚のニシンは語呂あわせで高裁のことをいうんだな。

　こんな具合で、説明すると隠語の意味が分かると思うんだが……。

　それとションベン刑だが、俺がしていた仕事の精米工は工場単位で炊場に入り、そこに務めている懲役は長いもので四年ぐらい、短い刑のものは二年ぐらいで、連中はほとんどションベン刑なんだ。そして途中、仮釈（仮出獄）で出ていったりで、俺がいつも職場の主だったな」

　白鳥は饒舌《じょうぜつ》だった。自己体験を一気に吐きたい。そんな気分で、話は所内生活に進んでいった。

「俺の職場は精米工場で、一人で仕事をしていたんだ。再出役の前はだいぶ反則もやって懲罰で油を絞られたが、二度目の出役からは反則は一度もやらなかった。

　仮出獄で娑婆に出たいという気持と、俺のことをいろいろと心配してくれる先生方（刑務官）のことを考えて、模範囚になることがいちばん大事だということがわかって、それで、真面目になったんだ。

　炊場の懲役にも、よくションベン刑でも刑務所には長くいるもんじゃあない、早く出るのが勝ちだと話を聞かせたが、若いのは俺の、この世界での経歴に興味を持ち、よく聞かれたもんだが、自分のことはあまり話さなかった。決して自慢になる過去ではなかったし、若い連中に話したところで、信じることは出来ないことだからな。

　それよりも、新聞やラジオ、雑誌で世の中のことを知るんだが、俺の感覚では、どうもわからないことが多いんだな。いちばん驚いたのはテレビ放送で、教誨室で白黒（筆者注・昭和五十三年＝一九七八年二月一日、ＮＨＫと民放八局がカラーテレビ本放送を開始）の実物を見るのが初めてだった。絵が映って音が出ることにホント、びっくりしたな。

それで世の中、すごいスピードで進んでいるんだと、捕われの身が社会から遅れていることにショックを受けたんだ」

府中刑務所では受刑者の教化教育のためにテレビを設置したのは意外に早く、普及台数が一〇〇〇万台の昭和三十三（一九五八）年十月であった。白鳥は実物のテレビを見てカルチャーショックを受け、長期の拘禁生活で社会に対する生活感覚が鈍くなっていたことを自覚した、と話す。

では、日常生活はどんなものであったのか。

「夜間独居といって、寝るときだけ独房だが、朝、出役するときは他の懲役と一緒に房を出て検身場で作業衣に着替え、精米工場に出るんだ。作業は倉庫にしまってあるドンゴロスに入った玄米を運んできて、精米機で三分づきの米にする仕事だった。

毎日、同じ仕事なので退屈したときはドンゴロスを両手に一俵ずつ持って、水平に上げたり下げたりして運動をやっていたんだ。このドンゴロスは一俵が六〇キロあって、これを両手で持ち上げる懲役は何人もいなかった。力試しをおおっぴらにやれるのは年一回、秋の相撲大会で、この時は、力自慢の懲役が各工場を代表して出場するんだが、俺に勝てる懲役はだれもいなかった……」

〝自由〟といっても限られた範囲内での動きだが、入所当初から比べれば、白鳥の処遇は段階を追って緩やかになり、特別のことを除いては他の受刑者と全く同じ処遇になっていた。特別のこととは、専任の看守が付くことだけである。

白鳥が府中に移監される直前の昭和二十三（一九四八）年六月、二十一歳で初任看守として府中刑務所に勤務した佐藤和友（五十七歳）を長野県上田市の自宅に訪ねたのは昭和六十（一九八五）年一月。佐藤は看守長で退官していた。

佐藤はいう。

「三十余年の刑務官生活のスタートは白鳥との出合いが最初でした。そして、私にとって白鳥は、受刑者処遇の最も大切なものを教えてくれた人物だったんです」

と、初任看守時代の思い出を話してくれた。

「入所当初は、独房で封筒貼りと糸つむぎの仕事をやっており、正座を絶対に崩さなかったとか、干した布団がきらいで寝具に水を撒《ま》いて寝たとか、思い出は尽きませんが、いちばん印象に残っていることは、炊場へ再出役したときのことなんです。

彼は解罰の前日『独居の雑役夫にお礼をいいたい』といい出しましてね。異例のことでしたが区長の許可をとり、話をさせたんです。そのとき彼は、

『長い間お世話になりました。皆さんが喜んで食べてくれるような、おいしいお米をつきます』

と、とつとつと話すんです。そのいい方が人の心に訴えるんですな。話を聞いていて、私はつくづく思ったんです。白鳥は、本当は心根の優しい男ではないのかと……。

それと、これはだいぶ後のことですが、炊場の収容者からは親方、親方といわれてまして、彼はいわば、府中刑務所の主みたいな存在だったんです。

それに俳句なんかも詠《よ》みましてね。覚えている句は、『朝顔のつぼみ数えて朝楽し』という作品なんですが、絵を描いたり句を詠んだりで、あの白鳥が、と感心したもんです。なんといっても、白鳥由栄は我々の世界では、一世を風靡《ふうび》した男だったんです」

と、白鳥の素顔を語ってくれた。


白鳥は府中刑務所に移監になる前、青森、宮城、小菅、秋田、網走、札幌と六カ所の刑務所に服役したが、処遇上の級は行刑累進処遇令第一七条の「受刑者ハ第四級ヨリ順次各階級ヲ経テ之ヲ進級セシム」と定めた四級以上に進級することはなかった。しかし、府中に収監されてからは、三級、二級と進級し、十一年目にして最上級の一級に進級した。

一級になると受刑者にとって最大の楽しみは集団散歩で、第五九条に「第一級ノ受刑者ニハ適当ナル場所ニ集団散歩ヲ為サシムコトヲ得……」とあるように、適当な場所に外出できる恩典があり、府中刑務所では年二回、春秋の彼岸に一級者を雑司ヶ谷の刑務所墓地に、社会見学を兼ねて墓参させていた。

前出の荻生は、白鳥の初めての集団散歩の様子について、

「本人の努力で一級に進級した以上、白鳥君とはいえ、不参加にする理由もなかったんですが、まあ、正直のところ、当時は〝事故〟を心配して考慮したことは事実なんです。しかし、

最終的には一級の一人として参加させ、雑司ヶ谷墓地まで車で送ったんです。

墓参のとき白鳥君は『俺もいずれはここに入る身だ』と笑いながら焼香しまして、私も、その言葉には胸が詰まってしまったことを覚えているんです」

と、白鳥の墓参のときの光景を話してくれる。

白鳥は、どのような気持でいたのか。

「札幌以来、十数年ぶりに刑務所が貸してくれた服を着てなんの心配もせずに娑婆に出たんだが、車の窓から見る街の様子は何もかも変わっていて、初めて出たのは春の墓参だったが、女の人が二の腕を出して歩く姿がまぶしかったことを覚えている。

外を見るときはキョロキョロして落ち着かず、あっという間に雑司ヶ谷に着いてしまい、それから、全員で墓地まで樹木の中を歩くんだが、むせるような樹木の匂いに、一瞬、目まいがするくらいだった。色や匂い、そして埃まで娑婆では新鮮に感じたんだから、刑務所ボケしていたんだ。

墓地には合葬碑が建っていて、刑務所の中で死んだ懲役の遺骨を納めてあるんだ。俺は最初に焼香したが、碑をジーッと見つめていると涙がとめどもなく流れてきて……。やりきれない気持だった。

所長に話したのは照れ隠しもあったが、仮出獄できなければ引取人もいないので、最後は、あそこの墓地に自分も入るんだと、正直にいったんだ」

昭和三十六（一九六二）年十一月は、一級に進級して三年目の秋を迎えていた。白鳥にとって、最早、〃逃げる〃ことはなんの意味も持たず〃賭ける〃ものは仮出獄以外なにもなかった。

脱獄に人生を賭けた白鳥は、刑務所の完璧ともいえる防止策に音《ね》を上げ、逃げることを諦め、所長以下職員の人間愛に目覚め、その意志を完全に捨てたと話す。

その気持に偽りはないだろうが、脱獄の意志を捨てた心の動きは、仮出獄への光明を見いだしたからである。

「何度も俺の気持を話しているが、脱獄の目的がなかったんだ。それに仮出獄への希望が持てるようになったし、年もとってきて、気が削がれていたんだ。目的のない脱獄なんて、ホント、馬鹿馬鹿しいことだよ」

と、逃走の意志を捨てた理由を述べる。又、出所一カ月前の心境について、

「所長さんはじめ職員の人がいちばん心配したのは、俺の社会性の問題だったんだ。所内では物価のことや金の使い方、最近の社会動向などについてはいろいろと教えてくれたが、いかんせん、実感がないので俺自身、出てからのことが不安になっていた。在所中から引受人が保護会の大島さんということは教えてもらったし、大島さんとも面会のとき会っていたので、引受のことはなにも心配はしていなかった。しかし、反面、出る日が近づくにつれて、本当に出られるのか疑心暗鬼になったこともあったんだ。一カ月ぐらい前からは毎日、一回、担当さんに『出られるのか』とそのことばかり聞いていたんで、担当さんには『流石《さすが》の白鳥も焼《やき》が回ったか』なんて、皮肉をいわれる始末で……。監房でも寝られない日が続いたんだ。

出所日は十日くらい前に担当さんが、それとなく教えてくれたが、〃その日〃がだんだん近

づいてきても〝上り房〟に移してもらえないので、それで、又、心細くなって担当さんに聞くんだ。すると『白鳥はこの部屋でいいんだ』というんだが、心配になってね……」

通常、仮出獄の前日に受刑者は上り房と称する独房で一日を過ごすことになるが、白鳥は出所当日の朝まで、入所以来過ごしてきた専用の独房に入っていた。又、仮出獄許可の言い渡しは当日の午前中、所長室で行なわれるが、白鳥の場合は出所時間の都合もあって、前日の二十一日に総務部長、管理部長、教育部長、保安課長等が同席して行なわれた。

総務部長が名前を呼ぶ。

「白鳥由栄君、一歩、前に出なさい」

刑務所から支給されたねずみ色の作業衣を着た白鳥は、体をこきざみにふるわせながら所長のデスクの前に立つと、深々と頭を下げた。

所長が本籍、生年月日、氏名を確認するが、答は、うわずり声でふるえていた。

「おめでとう。めでたくここを出所することができるのは、君の精進と日ごろの受刑態度が真面目だったからだと思います。

ここを出たら、君には新しい生活が待っています。是非、ここでの生活は忘れ、心機一転、頑張ってもらいたいと思います。

白鳥君、本日は、本当におめでとう」

厳粛な儀式である仮出獄の言い渡しは、十分たらずで終った。

式後、別室の会議室で所長はじめ同席した幹部職員と白鳥は、茶菓子で一時を過ごした。

「仮出獄の言い渡し日は担当さんも教えてくれなかったが、その日（十二月二十一日）は担当さんから出役しなくてもよいといわれ、朝から監房で待機していたんだな。それで、その日はなにかあると思っていると、担当さんがアイロンをかけた作業衣の上下と紐を持ってきてくれ、『これに着替えて待つように』というんだ。

十時ごろだったと思うが、保安課から呼び出しがあり、区長が監房に迎えに来て『これから所長室に行くので、服装をキチッとするように』と指示され、俺は運動靴を履いて、区長に連れられて中門の外にある庁舎の二階の所長室に向かったんだ。

部屋に通されるとエライさんがずらーっと並んでいて、俺の顔を見るとみんな、ニコニコするんだな。仮出獄には所長さんの言い渡しがあることは知っていたが、その時は、十時半という時間がピンとこなかったんだ。

それでも儀式がはじまると、自然に体が固くなり、名前を呼ばれたり、所長さんの前に出ると手に汗をかき、体がカーッと熱くなるんだ。気持はなんていうのか、ふわふわ飛んでいる感じで、床に足がつかない気分だった。その後、お茶菓子をご馳走になってから還房し、昼飯を喰ったが興奮していて、二口、三口喰うとあとは残してしまった。

午後からは一人で風呂に入れてもらい、この風呂だけは、それこそ、手足をぞんぶんに伸ばして二十年以上の刑務所の垢をゆっくりと落としていったんだ。風呂場では自然と鼻唄が出て、よざれ節を小さな声で唄ったが、一人、監視についていた保安の看守は一言も文句をいわず、三十分ぐらい風呂場にいて出ようとすると『もっとゆっくり入浴していてもいいんだぞ』って笑いながらいうんだ。そして『白鳥は唄が上手いな。いまの民謡は青森のよざれ節だろう』と、話しかけてきたんだ。

　俺は感激して、もう一度、浴槽につかってよざれ節をその看守に聞かせてやったんだ。それから房に還ったが、長い一日だった……」

　明日になれば呼称番号から白鳥由栄に復権し、正門から堂々と社会に帰っていく白鳥だが、出所前の一夜は感無量であったろう。

「就寝時間が過ぎても、目が冴えて眠ることは出来なかった。昨日までは看守が舎房を巡回するときの靴音もそれほど気にならなかったが、その夜は、靴音が耳につき何度も夜中に起きては、椅子がわりの便器のふたの上に腰掛けて窓の外を見ていたんだ。

　外は雪が降っていて枯れた芝生の上に薄っすらと雪が積もっているんだ。自分では田舎のことは頭から消そう消そうと思ってやってきたが、雪を見ていると、どうしても思いは田舎に残してきた女房や子供たちのことに馳せてしまうんだ。

　青森を出たのは昭和十（一九三五）年だから、府中を出るまでに二十六年が経っていたんだな。その晩は、俺が便器の上に座って外を見ていても、夜勤の看守はなにもいわなかった。

　夜はほとんど寝ずに起きていた。扉が開いたのは朝早く、まだ暗い時間だった。房内を清掃し、寝具をかたづけて廊下に出たが、鍵を開けた区長が『朝食は保安課に用意してあるので、行く前に更衣室で着替えを済ませよう』と、俺を連れて更衣室に行き、そこで昨日の作業服に着替え、私物をまとめた風呂敷包二個を持って保安課の部屋に行ったんだ。

保安課では熱い茶を出してくれ、まだ湯気の出ている麦飯、味噌汁、福神漬けの朝飯を喰いながら出所の時間まで待機していた。

そのうち、所長さんが登庁したというので、俺は区長に連れられて中門へと向かったんだ。その門は娑婆との境界で、入所か出所のとき以外は特別な用件がない限り、懲役は通ることが出来ない門で、所長さんは早朝から中門のところまで迎えにきてくれ、他にもエライさんが所長さんと一緒に来てくれていたんだ。

俺は一人一人に頭を下げてお礼をいったんだが、言葉が胸につかえて涙声になって……なにもいえなくなってしまった。

それと、中門を出るときは懲役の縁起どおり、後は振り返らなかった」

白鳥を囲んだ職員の輪は、庁舎から正門へと遠ざかっていく。深更に降りはじめた雪は霙《みぞれ》になっていた。

入所から十三年四カ月過ごした特別房の、その巧妙な造りは白鳥に看破されることなく残った……。

人間・白鳥

長野県上田市に住む佐藤和友の自宅を訪ねたのは前述したように十四年前の一月で、その日は粉雪の舞う、指先が凍てつくほどに寒い日であったことを覚えている。十四年後の上田は曇天の日であった。駅に出迎えてくれた佐藤の顔は年輪をまして、温和な表情になっていた。歳を聞くと七十二歳になったという。

今回の取材目的は白鳥の府中時代の話を詳細に聞くことにあった。佐藤は「動静報告簿」という、白鳥の府中時代の生活を詳しく記録した報告書を保存しており、私は、その報告書を読ませてもらいたいと、事前に連絡しておいた。

自宅の応接間で見せてくれた報告書は、ワープロでキチンと整理されていた。

佐藤は府中刑務所で、白鳥の専任看守に任命されていた。理由は「初任看守のなかから、温和な性格のものを選び専属とする」という、鈴木英三郎所長の命令で任命されたわけで、鈴木所長は白鳥の処遇方針を次のように決定していた。

独居三舎一階の一房と二房を使用する

一般受刑者と同じ処遇とし、特別扱いをしない
初任看守のなかから、温和な性格のものを選び専属とする

白鳥が収容された府中刑務所の独居は当時、二階建ての一舎から四舎までの十字型舎房になっており、十字の中心点から東西南北の四方向を、一人で監視することができる造りになっていた。また、白鳥一人に二房を使用させた理由について報告書には、

「二監房を使用するのは、不定期、煩雑な転房により、逃走工作のスキを与えず、またその徴候をいち早く発見するためであるが、本人に逃走が不可能であることを悟らせようとの、意図でもあった」

と、書かれている。所長の白鳥に対する処遇方針は、完璧とも言えるほどにソフトであり、また、逃走防止のハードも徹底していた。

逃走防止のための検査について、次のようなくだりが記されている。

「中川看守部長が立ち会い、フトンを抱えた白鳥を二房から一房に移す。（白鳥の）口を大きく開かせ、頬を左右から掌でまさぐり、肩から腋の下、胸、胴、腰から足へと服の上から撫でたりつまんだり軽く叩いて、隠匿しているものがないかを確かめ、最後に足の裏を交互に示させて終る。

その間、夏神看守が二房の窓の鉄格子、床、壁などに異常がないかを、丹念に捜検する」

やはり、白鳥への逃走防止策は徹底しており、捜検は身体はいうに及ばず監房の隅々まで行

なっていた。

また、運動については次のような報告が見られる。

「運動場は、三舎と四舎の舎房が直角に広がる南側の広場に、扇状につくられていた。独居収容中の受刑者は、原則として個別運動のため、運動中も顔を会わせたり会話をさせないように、扇の骨に当たる部分に青木を植えて一号から八号まで八区画に仕切り、扇の要に当たる部分が高台になっていて、ここに立つと八人の運動状況が一望できるようにつくられていた。白鳥の運動時間中は他の七区画を空けておき、運動係の看守部長が高台に立ち看守三人が三方各部署に分かれて監視した。白鳥を四号運動場へ入れると、私は二〜三メートルの間隔で即かず離れず、彼の動くとおり、その背後について歩いた。

膝を屈伸したり、腰をねじったりしたあと両手をグルグル回転させながら、幅二メートル長さ十五メートルほどの運動場をゆっくりと歩き回るのが常だった。

運動場を監視区域にもつ第八哨舎の看守も、八十メートルほどの距離から、じっとこちらを監視していた」

運動場の八区画分を独り占めするとは、やはり、白鳥の処遇は逃走防止が基本になっていた。しかし、他囚から見れば白鳥の扱いは特別と、映ったことであろう。

動静報告簿に「運動時間中の会話について報告します」と、網走時代の話が会話体で記録されている。そして、注釈に『かなり興奮していたので報告いたします』と、ある。

「担当さん、これ見てどう思うかね」

と、両手首足首の火傷のあとのように、ひきつった皮膚を示した。

左手首が特に酷く、ちょうど腕時計をはめるあたりに、二、三センチほどの幅のケロイドが手首を一回りしていた。

「これは、締めつけられて手錠が肉にくい込んで出来た傷跡だよ。網走監獄での一年四カ月は地獄だった。昭和十八年、小菅から網走に押送されたが、手錠のまま独居の特別房にぶち込まれたから、担当に、手錠を外してくれよっていくら頼んでも、シカトウ（無視）されたうえ、『外したかったら、自分で外しな』って、せせら笑って、相手にしてくれねえので、よし、そっちがその気ならこっちも気楽にできると、手錠を外して、もう、使えねえように鎖の部分をネジ切って廊下に放り出してやった。

担当は青くなって非常ベルを鳴らしたから、役人がドカドカ房に飛び込んできて、俺を押えつけ後ろ手錠にして引き上げていったんだ。

俺に、後ろ手錠は通用しねえ、簡単に前に回せるからな。それに手錠を外すなんざ、釘一本でチョロイもんよ。

網走監獄の監房の壁板を手錠で二、三度叩けば釘が浮いてくるから、これを使ったあと、また壁板をはめ込んでおけば役人に見つかることもなかった。

それが、俺としたことが、手錠の鍵穴に釘を差し込んでパクられたことがあるんだ。そのときは、『野郎、こんなものを持っていやがって』と、看守から頭を何度も小突かれたうえ、一週間二分の一減食の懲罰をくらったんだ。

麦飯の五等飯でもたりねえのに、半分減食は応えた。もう、俺の頭の中には寝ても覚めても脱獄しかなかった。

大声でデタラメな歌を唄いながら、両手にはめられた手錠で監房の中を、壁から床板を何度も叩いたがだめだった。それで、小便を床板のすき間に流してみたが、下に落ちる様子はなかった。

それでも、他に手だてがなかったから、小便を流し釘で床板をえぐり続けたんだ。それと、えぐった床板のすき間には、居房捜検をごまかすためにクソを塗りつけておいたんだ。

だが、床板の下はコンクリでだめだった。

そして、また、発見され減食罰になったんだ。もう、そのときは生きているのが嫌んなっちまって、着物の襟を歯で食いちぎり、いくつも撚り合わせて縄にし、窓の鉄格子にからめて首に回してブラ下がったが、見つかっちまった。

それからだ、鉄板をボルトとナットで留めた鍵穴のない特製手錠をカマされたのは。

おまけに、指くらい太い鎖を腰に巻かれて、手錠と足錠からの鎖をこれにつないだから、腹や胸に重みがかかって横向きでなけりゃあ、寝ることさえ出来なかったんだ。

そのうち、こうまでされるんなら逃げてやつらに仕返ししてやろう、クタバッタと思えば何でもできると決心したんだ。しかし、網走の冬は応えた。寒さで指先の感覚がなくなっちまうんだ。それでも、寒くてたまんねえから、イモ虫になって手錠で足錠を叩き続けた。すると、そのうち、ナットが緩んできたんだ。半年はやってたもんな。

そのうち、手錠、足錠が肉にくい込んで、血が出て、それがカサブタになり、その傷口が擦れてまた血が出る、そんなことを繰り返しているうちに膿が出るようになったんだ。そして、口が届くところは膿を吸い出しては傷をなめ回していたんだ。

しかし、そんなときでも逃げることは諦めなかった。床下も壁も、窓もだめなら後は監房の扉しかない。網走監獄の扉は木製で、視察口も府中と違って、縦二〇センチ、横四〇センチくらいの鉄枠に指くらいの太さの鉄棒が五、六本溶接してあり、その鉄枠が十本のネジで固定してあったんだ。

俺は、これだと思った。

役人も、視察口から廊下に飛び出すとは考えもつかなかったはずだ。だが、細工を発見され、転房になったら一巻の終わり、短期決戦で八月に決行という目標を立て三月になるのを待って仕事に取りかかったんだ。

まず、ションベン汁（みそ汁）を口に含んではネジの頭に吹きつけて、手錠でネジを叩いた。最初のネジが抜けたのは一カ月後。それからは最初に抜いたネジをドライバー代わりにして次のネジを抜き、また、ネジを元どおりに締めては、抜いて、その繰り返しで全部のネジを抜き終って、いつでも鉄枠を取りはずせるように出来たのは八月になっていた。

そして、準備として手錠、足錠のナットも腰の鎖も、いつでも外れるように軽く締めておいたんだ。

しかし、決行の日が一日ずれたのにはまいった。それは、決行の日に俺を優しくあつかってくれた看守が夜勤になったんだな。それも、『白鳥、元気か』なんて、声をかけてくれて。今晩、逃げればこの看守に迷惑がかかる。それで俺は、一日延ばすと決心した。延ばした一日は本当に長かった。

その日は、鬼看守になにを言われてもニヤニヤしていたら、『このやろう、なにをニヤニヤしていやがる。なにかやるのか』と、いわれたときはヒヤッとしたもんだ。

その鬼看守は決まって、午後九時過ぎると何時も長いこと視察口から覗いているんだ。そして、次の巡回時間までの間隔が長くなる。

鬼看守が俺の房を離れた瞬間、少し間をおいて手錠、足錠を手早く外して扉に耳をつけて外の物音を聞くと、遠ざかっていく足音が聞き取れたんだ。

そして、次は視察口の枠を留めてあるネジを全部抜き取り、鉄格子を外して視察口から顔を出して廊下を覗いたが、看守の姿は見えなかった。

あんたも知っているだろう、網走監獄の造りは。あそこの舎房は、一舎から五舎まであって、扇状に開いて扇子を開く部分が中央で、その位置から五舎全体が一目で見渡せるわけだ。だが、看守が一舎や五舎を巡回中は俺のいた四舎は見えねえんだ。

逃げたのはこんな手順だった。まず、視察口から頭を出して、俺は肩の骨を外すことが出来るんで、頭を視察口に突っ込み体重を上体にかけて肩から廊下に落ち、立ち上がったところで肩の関節を戻したんだ。そして、次は監房の横桟を伝って天井に登り、舎房中央からもっとも離れた死角になるところの、採光窓の金網ばかりのガラスを拳で破り屋根の上に出たんだ。だが、ガラスを破ったときの音が意外に大きく、ビビッたな。しばらく、じっとして屋根の上で様子を窺っていたんだが、なんも、起こらなんだ。そして、雨樋を伝って地上に飛び降りたんだ。それから後は、もう、どうっていうことはなかった。ストーブの煙突支柱を抜いて、それを、梯子に使って外塀を乗り越えたっていうわけだ。その晩は、星空がきれいだったことを今でもよく覚えているよ。

担当さん、俺たち懲役は情にモロイんだ。

懲役は、懲役を理解してくれる看守になら、厳しくされても親しみを持つんだ。

担当さんも、懲役に信頼される看守になりなさるんだな」

網走時代の話について白鳥はしみじみと語っている。

「こちらは初任看守で、受刑者の扱いについては研修で学んだ程度、それも、教科書で教えられたことがほとんどでした。対する相手は白鳥でしょ。施設のことなど隅々まで知りつくして、私など、ほんの子供扱いでした。しかし、今にして思えばこちらが無色透明といいますか、肩を張らずに自然体で接していたので白鳥も警戒せずに本音で話していたんだと思いますね。それと、『懲役に信頼される看守になりなさいよ』と、いわれた時は、腹が立つより妙に納得したもんでした」

佐藤は穏やかな口調で苦笑する。

また、白鳥は家族のことを話すこともあった。

動静報告簿には「運動時間中に、しんみりとした口調で次のように話していたので報告します」と、ある。

「担当さんは何年生まれかね。ああそう。俺の子供も担当さんくらいの歳になったんだ。いつまでもバカなことやってられねえな。

俺は六歳のとき親父に死なれ叔母に引き取られたが、この叔母は暖かい人で、それはよくしてくれた。どんな事情があったのか、お袋のことは生死も名前も聞かされなかった。

小学校を終り稼業の豆腐づくりに精を出し、魚の行商も手がけていたが、生活は苦しくなるばかりだった。

二十歳のとき、漁師になると大金を稼げるから、と、知り合いに誘われてカムチャツカへ出稼ぎに行ったんだ。

今まで見たこともない大金を手にしたが、バクチを覚えてやめられなくなっちまったんだ。

二十二歳で嫁をもらい、子供も一男二女と三人できたが、バクチに狂っていたから大金を稼いでも生活は苦しくなるばかりだった。

二十五歳のとき、バクチをやめて落ち着こうと、漁夫をやめて青森市内で、また、豆腐屋を始めたんだ。しばらくは順調だったんだが、やっぱりバクチから足を洗えず、とうとう最後には豆を仕入れる金まで注ぎ込んでしまった。

そのときは苦し紛れに大豆を盗んできて豆腐をつくっていたが、そのうち豆腐づくりがバカバカしくなり、土蔵破りが本業になってしまった。強盗殺人でパクられたとき、こんなどうしようもない親父がいては、子供が不憫《ふびん》だろうと、離婚したんだ」

「脱獄王」白鳥とはいえ、やはり人の親である。自らの極道人生は諦めたものの、母子の行く末を案じる心遣いは世の親となんら変わるところはない。人間・白鳥の顔が彷彿としてくる。

佐藤は白鳥の情感をこう語る。

「府中時代は仮釈放の期待もあって、安寧の気持が強かったと思うんです。しかし、反面、後輩の長期囚が次々と仮釈で出所していく姿を見ていて、不安になって、よく「担当さん、俺はだめなのかね」と、しんみり聞かれたことも何度かありました。そんなとき、こちらは内心『もしや、逃走の気持でも……』と、緊張したもんでして、あの時代、白鳥の心は揺れ動いていましたね」

葛藤といえば、独白が記述されている。

ケダモノ扱いされた俺を、鈴木所長が初めて人間として認め、扱ってくれた。作業も、運動も、入浴もさせてくれる。看守も親切にしてくれる。有り難いと思っているが、今はそれが重荷になってきた。こんな目的のない生活が何年先まで続くのか。北海道の山中で小鳥と一緒の自由な生活が懐かしい。こんなことを考えるだけでも所長さんに申し訳ない、でも逃

げたい

刑務所に留まるか、逃げるか。白鳥の心の葛藤は、入所して五年を過ぎた八月の「動静報告簿」に記録されていた。白鳥の葛藤は多分、この時期がもっとも激しかったのではないか。白鳥が府中刑務所で生活した時間は十三年四カ月で、青森、秋田、東京、網走、札幌と、たらい回しにされた刑務所のなかで、もっとも長い時間を過ごしたのが「府中」であった。佐藤は白鳥の仮釈放前に専任を解かれて、拘置監勤務に配転されるが、看守としてはもっとも長期間、白鳥と接した人物であった。

白鳥が府中刑務所を仮出所して今年（一九九九年）で、三十八年の歳月が流れ、また、鬼籍に入って二十年の時間が経過した。しかし、佐藤の記憶は鮮やかで『動静報告簿』に書かれた白鳥の生の姿は、外からは窺い知れない貴重な記録であった。

佐藤は白鳥由栄との邂逅《かいごう》を、動静報告簿の余白に次のように記していた。

『男は、足錠からへその部分に連結した鎖を手繰《たぐ》り上げるように両手で持ち、一歩、歩くたびに、ガチャガチャと音をたてながら私の前を通り過ぎていった。これが、私と「白鳥由栄」との最初の出会いであった』

出所後の白鳥

私は白鳥の軌跡を三年近くも尋ね歩き、府中刑務所の線まで辿りついたが、その先、出所後の消息については取材が行き詰まっていた。そんな折り、荻生から「国立《くにたち》で八興社をやっている大島金作を訪ねたらどうか」という朗報がもたらされた。八興社、この名は青森で福士からも聞かされた名称だった。

白鳥の身元引受人だった、大島金作を都下・国立市に訪ねたのは、白鳥と病院で面会する一カ月前で、目的は八興社での生活ぶりを聞くためであった。

駅前から南に一直線に伸びた名物、並木通りの欅《けやき》の木々はすっかり枝枯れし、舗道には落ち葉の絨毯《じゅうたん》が敷きつめられていた。中央線国立駅の南口から十分ほど甲州街道に向かって歩くと、住宅街の一角に大島金作の家はあった。母屋の隣りに「財団法人八興社」と墨書の看板を掲げた木造二階建ての建物があり、大島とは、そこで会うことになっていた。

大島金作（七十七歳）は府中刑務所の現役教誨師《きょうかいし》で、更生保護施設「八興社」を運営していた。

私は十六年前の白鳥の仮出獄直後のことからたずねた。

「そうね、白鳥君ね。彼のことならよく覚えていますよ。府中刑務所へ彼を迎えに行ったのは、わたしと家内の二人なんです。あの日は雪が降って寒い日でしたが、白鳥君は胸を張って出てきたんですな。

わたしが彼の身元引受人になった経緯はいろいろとありますが、まあ、一口でいえば、白鳥君の心意気といいますか、律儀さに惚れたんですな」

大島はこう前置きして、白鳥の八興社時代の生活ぶりについて話しはじめた。

「彼がうち（八興社）に来て間もなくのことでしたが、身の廻り品を買いたいと言いだして、家内が街まで一緒についていったんです。軍手を買ったとき、たしか当時の金で二〇円、店員に請求されてびっくりして鳩が豆鉄砲を喰ったような顔をしたそうです。所内にいるときも、物価や金銭価値についてはいろいろと聞いてはおったようですが、実際に金を出して物を買うということは、彼にとっては二十数年ぶりのことですから、軍手が二〇円もすることが咄嗟《とっさ》に理解できなかったんでしょう。

私は家内からその話を聞いて、白鳥君はまだまだ生活の実感がないと思いまして、それから、本人を連れて買い物から社会生活に慣れさすことをはじめたことを、今でも記憶していますな。彼にとって、金銭感覚の実際上の価値といえば、単位は〃一円〃〃一銭〃でしたからね。

そうでしょ。戦前、戦中と獄中におって、あの終戦というすべての価値観が変わってしまった時代すら、自己体験を知らずに生きてきた彼ですから、ものごと一つ一つにとまどうのは無理からぬことだったんですよ。白鳥君は自分のことを〃浦島太郎〃なんていっていましたが、それが本音だったんでしょうな。

食べ物なんかは非常に粗食でしたね。うちでは予算の都合もあって、そんなにぜい沢なおかずは出せませんでしたが、それでも有難い、有難いといって食べてくれましてね。しかし、肉や魚、とくに生物《なまもの》は一切、口にしませんでした。これにはなにか理由があったんでしょうな。

ここには二年ほどいまして、理由は、ただ出て行きたいというだけで、詳しくは話さずに他に移りましたが、何故出て行ったのかわたしには彼の気持が分かるような気がするんですよ。というのは、ここは場所的に府中刑務所に近いので、うちを帰住先にする出所者が多いんです。中に知った人間もいたんでしょうね。本人にしてみれば社会に出たとはいっても、刑務所の延長線上で生活しているみたいなものですから、常に目に見えない縄で縛られているといった抵抗や葛藤があったと思うんです。

白鳥君はご存知のように無期懲役で仮出獄ですから、現在でも保護観察中の身分なんです。いわば半社会人ですが、このままで一生終らせてしまうのはなんとも忍びないので、本人が生きている間に観察所のほうから恩赦を上申してもらって、なんとか中央更生保護委員会が具体的に恩赦の審査をはじめ、無期の仮出獄を終了させ、復権させてくれることを念じているんです。なにしろ今年で府中を出てから十六年ですからね。

それと、わたしとしては、恩赦運動の協力ならいくらでもするし、いとわないつもりです」

大島は、白鳥の過去には一切ふれず、話を結んだ。(昭和五十二年＝一九七七年十月取材)

そして帰りがけに、十年前に白鳥が大島宛に出した葉書を見せてくれた。日付は昭和四十二(一九六七)年五月二十日、住所は荒川区西日暮里一丁目となっていた。

私は十年前の住所とはいえ、白鳥が過去に住んでいた居住先がわかったことで、内心、小躍りして喜んだ。

白鳥は仮出獄の身、転居するときは必ず住民登録をしているはずだ。ならば、住民票から追えば、生きているかぎり白鳥の身辺に近づくこともできると、白鳥の跡を追うことに希望が持ててきた。

先ず、西日暮里の住所を当たってみたが、そこは既に五年前転居しており、転出先は荒川区荒川三丁目の小畑荘だった。しかし、小畑荘も二年間の生活の跡があるだけで、白鳥は台東区日本堤一丁目に移っていた。昭和四十九（一九七四）年五月からであった。

山谷《さんや》の通りを行きつ戻りつ、辿りついた先は簡易宿泊所大野屋旅館であった。大野屋の帳場を訪ねたのは昭和五十二（一九七七）年十一月十日、住民票から消息を尋ねはじめて一カ月が過ぎていた。大野屋を訪ねた日は、白鳥が三井記念病院に入院した三日後のことであった……。

退院後、二回、白鳥の止宿先である大野屋を訪ねた。

「ここには三年半前から住んでいるんだ」

案内してくれたのは二階の〝ベッド〟で、白鳥は二段になったカイコ棚式の下のベッドを借りていた。一泊三〇〇円の宿泊代を払っており、精算は週に一度、月曜日払いだという。

生活保護費用月額四万八〇〇〇円を支給されてはいたが、山谷の物価は決して安くはなかった。自炊ができないので食事はもっぱら外食専門で、白鳥がゆきつけの食堂のメニューは、めし大八〇円、中六〇円、小五〇円、味噌汁五〇円、ラーメン二〇〇円、漬物四〇円、煮付類一〇〇円～一五〇円、焼酎八〇円、二級酒一三〇円などが主な値段であった。

ベッドハウスに案内してくれた白鳥は、一時《いっとき》、ベッドの上で雑談をしていたが、

「ここではお茶も飲めないので、近くの喫茶店にでも場所を替えましょう」

私を誘って表に出た。

帳場のおやじがこちらを見て、一人で頷いていた。

「ベッドハウスだと話がつつ抜けで、混み入った話は出来ないのでここにしたんです」

二人はコーヒーを注文した。

白鳥は生活について話しはじめた。

「体には自信があったが、俺も今年で七十になり、病院も入退院を繰り返し、心臓が悪いんだ。今の生活は役所に面倒をみてもらっている有様で、働くこともあまり出来ないし、ベッドハウスに一日中いることが多いんだ。楽しみといえば銭湯に行くことか、六区で場外（筆者注・公営馬券売場）を買い映画を観るくらいのものだ。

人間、歳をとってくると愚痴っぽくなって、それと、だれか話し相手が欲しくなるもんなんだな。俺は自分の人生は、俺なりにやるだけのことはやってきたので思い残すことはなにもないが、ただ青森の家族がどうしているか、縁を切ったとはいえ、正直のところ気にかかっているんだ。家内とは仙台（宮城刑務所）で一度、離婚のことで話をしたっきり会ってないんだ」

白鳥は家族のことを気にかけている様子で、離婚した奥さんに対しても家内と親しい呼びか

たをし、しきりと郷里の話をする。そして機会をつくって、一度は訪ねてみたいと話すが、表情は沈んでいた。

白鳥が病院で話していた「俺には今も、首に目に見えない鉄の鎖が縛りつけられているんだ」と、いった言葉が甦ってきた。

大島のいう〝半社会人〟としての身分が、今日の白鳥の姿であるならあまりにもいたましい。現在七十歳の白鳥は社会に復帰して十六年になろうとしているが、未だ保護観察中の身であることに、私は同情を禁じ得なかった。彼の怒りと不満もその一点にあり、見えざる鎖が彼の生活を規制しているからだ。

「畳の上で往生させたい」と、比喩的にいった大島の言葉が私の胸に刺さる。

出所後二年ほど八興社で生活した白鳥は、現在、住民登録をしている台東区日本堤一丁目の大野屋旅館に四十九(一九七四)年五月に定住するまで、荒川区三河島、同西日暮里、同荒川と東京の下町を三回、転居していた。

その間の事情を白鳥は話してくれた。

「大島さんの所には二年しかいなかったが、あそこでは本当によくしてもらった。大島さんも奥さんもいい人だったが、保護会だから規則があって自由に生活できなかったのがつらくて、そんなことは保護観察中の身だからあたりまえだということは、俺にもよく分かっていたんだが、なんといっても自由が欲しかったんだな。

ただそれだけの理由で、俺はあそこを出たんだ。娑婆にいて自由がないなんておかしいと思うだろうが、こう、なんていうのか、生活が時間で決められているのが、刑務所と同じで不自由なんだ。

こればかりは、いくら説明しても理解してもらえないと思うがね……」

昭和三十八（一九六三）年冬、八興社を出た白島は住居を荒川区三河島に移し、吉田荘で三畳一間の部屋を借り、生活をはじめる。

三河島時代は四年続くが、この時代は世の中、オリンピック景気で建築現場は作業員不足で、大いに稼げた時代だったという。そして、保護観察中の身をあらためて意識したのも、その時期であった。

「八興社を出て初めて一人の生活をはじめたんだが、あの頃は楽しかった。箸、茶碗、鍋、釜、布団と、生活用品を買ってきて自炊生活だったが、一人で煮炊きをするのが楽しくてね。それと、だれにも気がねすることがないので、ほんとによかった。

あの吉田荘の時代は、隣りの部屋にいた幼稚園児くらいの女の子とも友達になったりで、娑婆の生活にもやっと慣れてきた頃だった。

仕事は建築現場で作業員をやっていたが、毎日仕事があって、俺は体には自信があったから、それこそ一日も休まず働いたもんだ。それに帳場にも認められて、ボーシンになれといわれたんだ。ボーシンというのは世話役のことで、月給制にしてやるというんだ。

しかし、そこの飯場も喧嘩のもめごとで辞めることになってしまって……。というのは、仲間に性《たち》の悪い男がいて、なにかというと俺にあたるんだ。いつだったか、そいつが俺に因縁をふっかけてきて喧嘩になったんだが、あのときほど、保護観察の身がうらめしく思えたことはなかった。

野郎がいきなり殴ってきたんだが、俺は手出しが出来ないんだ。気持の中に、もし、手を出したら、仮出獄が取り消されるんではないかという怖さがあったんだ。二十数年ぶりに刑務所から出てきて、俺は臆病になっていたんだな。でもあの時は、殴られっぱなしで、ほんとに悔しい思いをしたんだ。

それから、俺の首には目に見えない鉄の鎖が縛りつけられているんだと、意識しはじめたんだ。喧嘩の一件以来、なんか、こう、急に世の中が嫌になってしまってね、それで仕事に出るのも億劫《おっくう》になって、結局、飯場も辞めてしまったんだ。

その時分は、気持もくさくさしていたからいっそ、人間社会とはおさらばして、誰もいない山の中で生活しようとアパートも引きはらってしまったんだ」

吉田荘で四年間生活した白鳥が、アパートを出たのは四十二(一九六七)年四月であった。

吉田荘時代の白鳥を知る篠原陽子は、当時五歳。白鳥が覚えていた隣りの部屋の女の子だった。彼女は白鳥の死に驚きながら、吉田荘時代のことを話してくれた。

「当時、わたしは五歳でしたから、あまり覚えていないんですが、白鳥さんのことをおじさん、おじさんといって慕っていたことは覚えているんです。お菓子やお人形をよく買ってくれて、お小遣いももらったことがあるんです。やさしいおじさんという印象なんですが、一度、お金で遊んでいるところを見られ、そのときは、お金を大事にしない子供はおじさん嫌いだと怒ったんです。その時はビックリしましたが、白鳥さんは物をすごく大切にする人だという印象が、今でも残っているんですね。

ところが、自分の子供みたいに可愛がってくれた白鳥さんが、なにもいわないでアパートを出ていってしまって……。それ以来二十数年、再会の機会はありませんでした」

白鳥が五歳の彼女を大事にしたのは、田舎に残した往時の子供たちのことを彼女に重ねていたからではないのか。（昭和五十九年＝一九八四年五月取材）

アパートを引きはらった白鳥は一時、厭世観にとらわれ、本気で山の中の生活を考えたこともあり、北海道にまで足を延ばすが、現実の生活が絶ちがたく一カ月間道内を彷徨し、五月に東京にもどってきた。そして、西日暮里一丁目で生活をはじめた。

大島金作に手紙を出したのは、このように精神的に動揺している時期であった。又、白鳥の心に〝歯止め〟をかけたものは〝保護観察〟という枷《かせ》ではなかったのか。

生きることの厳しさを、娑婆に出てはじめて知ったと白鳥はいう。

「そうだ、保護観察という身分は、俺にとっては厄病神みたいなもんで、一生ついて廻るんだ。出所してからの十六年間、そしてこれからもだ。耐えるしか、俺の人生はないんだ」

仕事は建築現場の作業員を続け、西日暮里のアパートから通える現場を選んで、少々の病気でも持ち前の律儀さで通勤していた。アパートは五年後、西日暮里から荒川区三丁目の小畑荘に替わっていた。小畑荘には二年間いたが、昭和四十八（一九七三）年ごろから、さしも不死身といわれた頑健な体も病に煩わされはじめ、急に老け込んできた。病気は心臓病だった。六十六歳になった年、白鳥は生活保護と医療扶助の給付を受ける状態にまでなっていた。

この年、昭和四十八（一九七三）年夏、自分の誕生日に、二度と訪ねないと誓った青森の田舎に足を向けた。

その時の気持を、

「体もだいぶ弱ってきたし、心臓病の発作止めに服用する〝ニトロ〟を常時持つような体なので、いつお迎えが来ても心残りがないようにと、それで、最初で最後の機会だと思い、予め保護観察所で聞いておいた田舎の家を訪ねたんだ。

田舎の景色を見るのは青森を脱獄以来三十七年ぶりだったが、懐かしいという気持よりも、あまり変わってないのが不思議だった。宿は青森駅前の旅館にとり、夜、タクシーで荒川まで行ったんだが、場所がよく分からず、一日目は村を廻って帰ってきたんだ。そして、二日目は昼間訪ねて、家内と長女が住んでいる家の側まで行ったんだが、どうしても戸を開けることが出来ず、一回はそのまま帰ろうと思ったんだが、自分をおし止《とど》めて近くの林で時間を過ごし、再度、家を訪ねた。ちょうど長女が洗濯物を干すときにぶつかったので、本人にはわからないように、少し離れた場所で長女の顔を見て、それだけで帰ってきたんだ。

田舎までは行ったものの、覚悟と違って、やはり会って話をする度胸はなかった。〝知らない人〟だと断わられるのが、俺には怖かったんだ」

この機会を失し、白鳥は生前、家族のものと会うことはなかった。

一年後、小畑荘を離れ、山谷《さんや》の大野屋旅館に止宿先を定めた。この時期、仕事は体調のいいときに作業員として出るくらいのもので、一カ月に十日と働ける体ではなかった。一カ月の生活保護費四万八千円が、収入のほとんど全てであった。

昭和五十（一九七五）年に入ると病状は増々悪化し、介護のない生活が無理になってきたため、東京保護観察所の計らいで府中市にある安立園（現社会福祉法人）に入所した。しかし、体調のいいときは抜け出したりするため、安立園の生活も長くは続かず、本人の希望もあり山谷と府中の往復がはじまった。しかし、病状は悪化する一方で、長期入院先として保護観察所が指定したのが三井記念病院であった。

私が白鳥を尋ね、大野屋まで辿りついた十日後、即ち白鳥が入院して十三日目の昭和五十二（一九七七）年十一月二十三日に、私は彼を訪ねていたわけだ。

白鳥が仮出所後、数年間生活した山谷の簡易旅館「大野屋」

三井記念病院に入院してからは病状も小康状態を保つ日が続き、一カ月余りで白鳥は退院した。私の取材は病院から大野屋に移り、そして近くの公園、浅草六区、居酒屋と退院後も白鳥と接する時間が多かった。その間にも、私は多くの証言者に会った。その誰もが、白鳥が生きていることに一様に驚きを見せ、懐かしむ人、出所後の生活に関心を持つ人、再会して激励したいという人、そして境遇に同情した人、しかも、それらの人々にとって白鳥の過去は風化していなかった。

証言者は、各々の人生で白鳥との出合いを強烈な印象として残していた。又、白鳥自身、己の体験を語る心境になったのは、不謹慎ないい方だが、自らの死期を意識していたからではなかったか。

三度目の入院時には、白鳥の病状は最悪の状態にまで進んでいた。

昭和五十四（一九七九）年二月二十四日午前、白鳥は三井記念病院で息を引き取った。病名・心筋梗塞、享年七十一歳だった。死顔は大変穏やかだったという。

三井記念病院で亡くなった白鳥の遺骸は、引取手がないため東京保護観察所の世話で、荒川区内にある博善社火葬場で荼毘《だび》にふされ、遺骨は無縁さんを保管してくれる源寿院に納まった。しかし、寺の規則で無縁さんは保管期間が五年経過すると、他の遺骨と一緒に合埋葬されることになっていた。

昭和五十九（一九八四）年五月、かつて白鳥が友達になった、当時五歳の篠原陽子を源寿院で取材した折り、「昔、白鳥さんにはいろいろとお世話になりまして……」と、出合いを語り、彼女は「遺骨の引取手がなければ是非、私共のお墓に白鳥さんを埋葬させて下さい」と寺に申し入れ、白鳥の遺骨は無縁さんを免がれた。

後日、遺骨は篠原家が引き取り、富士山を望む場所に丁寧に埋葬された。　合掌

補遺1 「西柵丹事件」死刑囚と邂逅した白鳥由栄

樺太で死刑判決を受けた男

終戦前、「死刑判決」を言い渡された男が、判決謄本や裁判記録がソ連軍に没収されたため、「無期懲役」に減刑されたという実話があった。

この事件は終戦五カ月前、当時日本領であった南樺太の「樺太地方裁判所」で死刑判決を言い渡された事件である。当時南樺太には豊原の樺太本庁と豊原支庁、真岡《まおか》支庁、敷香《しすか》支庁、得《え》須《す》取《とる》支庁が行政機関として置かれており、そのなかの一つで間宮海峡に面した須得取支庁管内の西柵丹村で、昭和十九（一九四四）年一〇月に起きた強盗殺人事件の容疑者として逮捕されたのがS・T（当時四八歳・イニシャルとした）で、犯行の動機は「借金返済に窮して郊外にある砕石加工場に押し入り、警備員を手斧で襲い殺害して現金一千円と散弾、火薬、雷管を奪った」というもの。S・Tの裁判は須得取支庁管内には裁判所が設置されていなかったため、身柄は樺太庁が置かれていた豊原市まで送られ樺太地裁で裁判が始められた。起訴された罪名は「強盗殺人と住居侵入罪」それに戦時下の犯罪には厳しい「戦時犯罪」が付けられた。

樺太地裁は終戦五カ月前の三月一七日に「死刑」判決を言い渡したが、S・Tは判決を不服として札幌控訴院（昭和二二年に札幌高裁に改組）に控訴するも却下され、東京の大審院（昭和二二年に廃止・その後の最高裁）に上告したが七月一七日に却下されて死刑が確定した。終戦一ヶ月前ともなれば南樺太と東京間の通信事情は悪化しており、文書でのやりとりは札幌控訴院経由で行ったことが考えられるが、何れにしもS・Tの死刑執行は「樺太刑務所」には刑場の設備がないため、札幌刑務所で執行する必要があった。だが、ソ連軍が侵攻してくる直前の南樺太の戦況は危機的状況にあり、民間人の北海道への緊急疎開が始まったのは終戦一ヶ月前からでS・Tを札幌に護送したのは多分、この緊急疎開で使われた船舶を使ったと推測できるが、記録はない。

樺太地方裁判所（出典：樺太庁編『樺太写真帳』）

　樺太刑務所は昭和二〇年八月一七日に侵攻してきたソ連軍により接収された。しからば、刑務所の受刑者たちはどのように扱われたのか。当時の豊原市の治安状況を知る貴重な手記を市長の大島忠康が遺していた。

> 　占領軍司令部からの命令が初めて（著者注・昭和二〇年八月二二日）市役所に発せられた。
> 豊原刑務所に収容中の全ての囚人（死刑囚を含む各種の犯罪者）を全部解放するから引取りに来い、そして彼等にすべての職をあたえよとの話である。これには私も一驚した。この混乱の最中に囚人を解放しては市内で何をしでかすかも知れぬ。なお、職を与え

ようとて職のあるべき筈がない。とにかく、その日、数百人の囚人を庁員が刑務所から引き受けて、市役所まで引率してきた。上を下への混乱時であったから、その後の消息はほとんど耳にしなかった。（太田勝三『樺太回想録——終戦時の真実と最新事情』文芸社）

このような混乱状況にあった豊原市内。受刑者は刑務所から解放されて市役所に集められた。そのなかに「死刑囚」もいたと太田は回想しているが、その「死刑囚」は一九四五年七月に強殺事件の被告として判決が出された当時三十六歳の男と思われる。

大通拘置支所の死刑囚

緊急疎開でなんとか北海道に避難したS・Tはその後、札幌の大通拘置支所に身柄が移されていた。戦後二年経った四七年にS・Tは拘置支所で思わぬ人物に出会っていた。それは、後年「日本の脱獄王」と呼ばれた白鳥由栄（当時四〇歳）である。

白鳥は前年一二月に札幌地裁で「殺人・加重逃走罪」で死刑判決を受けて、二月に札幌刑務所に移監されるまでの三ヶ月間、大通拘置支所に収容されていた。筆者はかつて白鳥を取材した折り、「樺太から送られてきた四〇代の死刑囚がいた」との証言を得ていた。白鳥が話していた「樺太の死刑囚」とは、S・Tのことであったのだろう。

奇しくも二人の死刑囚は、ほぼ、同じ時期に大通拘置支所で邂逅していたが、残念ながら白鳥の口から「樺太の死刑囚」についての詳しい話を聞く機会を逸してしまった。だが、白鳥が大通拘置支所に収容されていた時代が、一九四六年一二月から翌年二月までの三カ月間であったことは本人の証言から明らかで、その間に「樺太の死刑囚」と会っていたということは、同時代に拘置支所にいたのは間違いあるまい。

そして、S・Tは死刑執行を待つことになった。一方の白鳥は札幌刑務所に移監された一カ月後に四回目の脱獄に成功していた。しかし、S・Tの死刑はなかなか執行されなかった。それには、法律に盲点があったのだ。

判決謄本の紛失で死刑を免れる

死刑執行には判決謄本や裁判記録の原本が必要なのだが、S・Tの記録はソ連軍の進駐で樺太地裁が接収されたため記録を持ち出すことができず、一切の書類が行方不明になっていた。そのため、東京の法務庁（のちの法務省）では執行のための手続きに入れず、四年間保留状態に置かれていた。僥倖がさしたの中央更生保護委員会（のちの審査会）が「個別恩赦」の検討を始めたためで、委員会はS・Tを「恩赦で無期刑に減刑」するための上申書を内閣に出している。結論は「減刑」を認めたのである。それは、昭和二四（一九四九）年一二月二四日であった。

戦後の恩赦は昭和二〇（一九四五）年一〇月に第一回の「第二次大戦終局」があり、それ以降、二一年一一月の「日本国憲法発布」恩赦、昭和二二年一一月の「第二回減刑令の修正」恩赦とつづき、昭和二七（一九五二）年四月には「サンフランシスコ平和条約」恩赦が実施されたが、こうした政令に基づく「恩赦」とは別に、S・Tの減刑は「サンフランシスコ平和条約」

恩赦以前に戦後初の「死刑囚」に対する個別恩赦が実現したのである。

ここで「恩赦」の意味を簡単に説明しておく。「恩赦とは、司法権による裁判に関して、行政権（内閣）により裁判の内容を変更し、その効力を変更若しくは消滅させ、又は国家刑罰権を消滅させる」と、法律では解釈されている。南樺太は戦前、日本領になっていたので大日本帝国の刑法も適用され、裁判所も日本の法律に準じて公判を開いていた。

判決謄本などが紛失してしまったとはいえ、戦後になってもS・Tの「死刑確定」判決は生きていて、いつ、執行されてもいい状況にあったのだが、先述したように「記録の紛失」で、執行を行うことが事実上棚上げにされてしまった。その対応に苦慮したのが「法務庁」であった。結果として救済されたのは「個別恩赦」であった。こうして、S・Tは「国家の刑罰権」（死刑執行）から逃れて、無期懲役に減刑された。

その後、大通拘置支所から無期懲役刑を執行されるために、北海道で長期受刑者を収容する網走刑務所（現在は旭川刑務所）に移送になった。その時期は定かではないが、恩赦が実行されたのは一九四九年一二月二四日なので、年内、若しくは翌年早々には網走に送られたと推測できる。それ以降、S・Tが刑期の途中で仮釈放になったのか、それとも、獄中で病死したのかはまったくわからない。

一九四四年七月一七日。旧日本領の「樺太」で死刑が確定した男が、戦後も刑を執行されることなく「恩赦」で延命して網走刑務所で「無期懲役囚」として服役したという、日本の司法史上、稀有な事実が存在した。これも、戦争の裏に隠された犯罪者の、ひとつの隠された史実なのだ。

補遺2　脱獄に関する考察

脱獄・脱走の意味を国語大辞典（小学館）で引いてみると「脱獄」は「囚人が刑務所から逃げること」、「脱走」は「抜け出して逃げること」と説明されているが、「脱獄」の意味のほうがインパクトがある。ドイツの哲学者フリードリヒ・ニーチェは、こんな言葉を遺していた。

世界には、君以外には
誰も歩むことのできない唯一の道がある
その道はどこに行き着くのか
と、問うてはならない
ひたすら進め

以下では、特徴のある脱走囚と脱獄囚について取り上げてみよう。なお、平尾龍磨、菊池正、白鳥由栄以外は仮名とした。

①松山刑務所大井造船作業場（逃げろ逃げろ、ひたすら進め）

この「ひたすら進め」を実行したのが二〇一八年四月八日、愛媛県今治市の松山刑務所大井造船作業場を脱走した平尾龍磨《りょうま》受刑者（二七）だ。

「逃げる」という行為を実行して、二十三日後に広島市内でネットカフェの店長に警察へ通報されて逮捕されたが、最初に発した言葉は「疲れた。捕まってホッとした」であったそうだ。平尾の罪は「窃盗罪」。数十件の泥棒だ。懲役五年六月の刑で服役しており、満期まで一年たらずの受刑者であった。逃走当日には造船所近くの民家から軽自動車を盗んで「しまなみ街道」（有料道路）を利用し、今治市対岸の人口二万五千余の尾道《おのみち》市向島《むかいしま》に着いてしまった。

その日から平尾を確保するため愛媛県警・広島県警の機動隊が延べ一万五千人も動員され、ヘリも参加した大捜索が始まった。しかし、捜索は空振りに終わり、二十一日目に平尾は尾道海峡（幅二〇〇メートル）を泳ぎ渡って尾道市に逃げていた。その間、向島では「泥棒」の行方に大騒ぎして、自警団まで結成していた。だが、平尾は尾道市に逃げてしまったのだ。まあ、ここまでは「誰も歩むことのできない唯一の道がある」を実践していた。「体力、知力」が支えだったのであろう。

この「脱走劇」はテレビ中継で全国に報じられた。平尾は向島の空き家に忍び込んで、部屋のテレビを観て、捜索状況を手に取るように把握していたようだ。脱走には、盗んだ軽自動車と携帯電話、そしてテレビの情報が大いに役立った。受刑者が生活する五階建ての寮舎の周辺は、高さ二メートル程度のフェンスが塀の代わりに作られているが、逃走防止には役にたたず、生活する部屋のドアには鍵もかかっていない〝開放的処遇施設〟だからこそ、「脱走」も容易であったわけだ。

平尾の裁判は、九月十二日に松山地裁で第一回公判が開かれ、検察の求刑は六年。公判では逃走の動機を「逃走することで作業場の問題点を世間に知らせたかった」と述べたそうだが、検察は「後付の理屈」と論告した。後述するが、この言葉は日本の脱獄王と呼ばれた白鳥由栄の名言であった。問われた罪名は「単純逃走、窃盗、家屋侵入」などの罪で、松山地裁は九月二十八日に懲役四年の判決を言い渡した。最終的には、残刑一年二月に四年が加えられた。平尾は、B級指標受刑者（累犯受刑者）を収容する徳島刑務所、あるいは大阪刑務所に移送されたようだ。

平尾は刑務所から逃げたのではなく、構外作業場から逃げたので、脱獄ではなく「脱走」ということになる。では、「脱獄」のケースは過去にどのくらい発生していたのか。かつて日本の刑務所では、死刑囚や無期懲役囚、懲役二〇年以上の重罪犯が「脱獄」したという事例が、戦後だけでも五〇件以上起きている。そのうち「東京、千葉、広島尾道、岐阜」の四件を検証してみることにする。

②東京拘置所（母恋しさの一念で獄破る）

一九五五（昭和三十）年。この年、全国で三十二名の死刑囚が刑場の踏み板に立たされた。菊池正もその中の一人で、十一月二十二日午前十時三十分、戦後二四八人目の死刑囚として宮城刑務所で執行された。享年三〇。判決に記された罪名は「強盗殺人、暴行」で四人（男一人、女三人）を皆殺しにした代償であった。菊池は一九二六年十月、北関東の地方都市宇都宮市近郊の犯行現場に近い村の農家の次男として生まれた。母親は再婚相手との間に異父妹三人を生んだが、正を分け隔てなく育てていた。正は〃母親っ子〃であった。

事件は五十三（昭和二八）年三月十七日、深夜に起きた。逮捕は犯行後七十二日目であった。同年十一月二十五日、宇都宮地方裁判所は菊池に対して「死刑判決」を言い渡した。身柄は宇都宮拘置支所から東京拘置所に移された（北舎三階十八房）。この頃、菊池は控訴したが棄却され、上告の手続きを取っていた。

脱獄事件が起きたのは収監から二年三カ月後の五十五年五月十二日朝七時十分（発見時間）。だが、実際の逃走時間は前夜の二〇時三〇分であった。捜査体制が敷かれたのは逃走後十一時間も経過してからだった。脱獄の事実が新聞で報じられると、東京の繁華街は夜半になると人通りが絶えたという。

逮捕は脱獄後十一日目で、実家近くの雑木林から出てきたところを張込中の刑事に捕縛された。逮捕後、身柄は亀有署に移送され、同署で検事に逃走の状況を菊池は供述していた。

逃げたのは十日の午後八時半ごろだ。時間を覚えているのはラジオの時報で記憶している。実金ノコは実兄に頼んで、雑誌「講談倶楽部」の背トジに突っ込んで差入れしてもらった。実兄との連絡方法は、通信文で簡単にできた。それと、鉄格子を切るのはわけがなかった。テレビの音が金ノコの立てるキイキイという音を消してくれたし、七分の鉄棒も、イモノだから半分も切れれば、あとは、力一杯揺すっているうちに曲がってしまった。看守の目をゴマかすのには布団を細工して寝ているように見せかけた。窓を出ると、配水管を伝って事務所の二階屋根に降りて、渡り屋根伝いに塀との境まで来て、鉄条網を破って外塀によじ登り、それで外に出たのだ。（検事調書より引用）

また、逮捕直後に脱獄の理由を「今でもおふくろに会いたくてたまらない。これからの自分のことや、家族のことなどを考えると、いくら諦めても心は落ち着かない」と述べている（下野新聞、一九五五年五月二十日付）。

脱獄の動機は肉親恋しさの一念であったようだ。

裁判はスピード審理で進行。最高裁の上告棄却は五十五年六月二十八日。脱獄を決行してから四十八日目であった。逃走幇助の罪で逮捕された実兄は、東京地裁で懲役六月、執行猶予二年の判決。菊池の身柄は当時、東京拘置所小菅《こすげ》支所には刑場の設備がないため〝宮城送り〟となり、上告棄却から一四七日目という異例の早さで執行された。この執行は〝脱獄〟に対する法務省当局の〝報復〟執行との噂も流れていた。

③千葉刑務所（二度脱獄した懲りない奴）

一九六二（昭和三七）年四月二十二日。この日は日曜日で受刑者は仕事を休み、講堂で慰問の映画会が開かれる予定になっていた。脱獄したのは岡山県出身のN・Mと千葉県出身のT・Hの二人。脱獄を主導したNは三年前に行状不良で広島刑務所から移送されていた。罪名は「強盗殺人」で、Tは「強盗罪」であった。脱獄の計画は周到であった。

二人は講堂に入る前に、用便を担当看守に告げた。看守は「ダメ」だと拒絶。しかし、二人は「我慢できない」と看守に懇願。そのとき他の房でタバコ摘発の検査があり、看守は応援のためその房に向った。好機到来、二人は監房を飛び出し、舎房の出入口の鉄扉に突進。そこであらかじめ用意していた釘を使って難なく鉄扉を開ける。担当看守はまだ気づいていない。刑務所の鉄扉の施錠は、ほとんど一本の鍵で開いてしまう。非常時を想定しての錠前のつくりになっている。

二人は舎房から飛び出すと、つぎに向ったのは洋裁工場であった。目的は逃走用の衣類を調達することにあった。衣類の調達に成功した二人は、印刷工場に忍び込む。梯子《はしご》に使える桟木《さんぎ》を見つけ、ロープも探し出した。桟木は繋ぐと四メートル近くあった。塀を乗り越えるのに届く長さだ。舎房を脱してからここまでの時間はおよそ十五分であった。外塀を最初に乗り越えたのはNで、Tも続いて乗り越えた。外塀の脇には県道が走っていた。時間は九時三十分だが、通行人はいなかった。真昼間、午前中の脱獄は見事に成功した。

脱獄の事実が確認されたのは二時間後。職員に非常招集がかかり、刑務所側は所轄警察署に通報した。警察はヘリまで出動させての大捜査網を引いた。しかし、二人を発見することはできなかった。警察は緊張していた。なにしろ、脱獄したのは凶悪犯の二人組だ。二次、三次の犯行を警戒したのだ。だが、事件は意外なかたちで決着してしまった。脱獄二日目にTが千葉県四街道《よつかいどう》町（現在の四街道市）で逮捕され、三日後にはNも佐倉市内で逮捕された。二人は逃走中に〝盗み〟を働く程度で、重大犯罪は起こしていなかった。

Nは、この脱獄で一年六月の加重逃走罪が加刑されて網走刑務所に送られた。とはいえ、Nは移送されてから十七年後の一九八一（昭和五六）年十一月二十二日に、農場で作業中にまたもや脱走してしまった。逮捕の顚末が「漫画」的であった。場所は網走から五〇キロ離れた北見市近郊の津別《つべつ》町で、逃走二日後に空腹を抱えて町内をヨタヨタ歩いているところを、警戒中の警察官に職質されて、いとも簡単に逮捕された。動機については「岡山の家族に会いたい一心で逃げた」と語った。

それから四〇年。脱獄当時、五十六歳だったNは、生きていれば現在九十六歳になる。

④広島刑務所尾道支所（脱獄後二件の強盗）

戦前、海軍刑務所だった広島刑務所の管轄下にある現在の「尾道刑務支所」は、二十六歳以上の犯罪傾向の進んでいない「A指標受刑者」と犯罪傾向の進んでいる「B指標受刑者」を収容する施設だ。他方、通称「老人刑務所」とも呼ばれ、収容される「B指標受刑者」の多くは六十五歳以上の累犯受刑者だ。なおかつ、全受刑者の三分の一が老人受刑者となっている。だが、この施設でも「死刑囚」を収容していた時代があった。

半世紀以上前の一九六五（昭和四十）年四月十日、一人の死刑囚が脱獄した。当時二十七歳のH・S。収容されていた十七号独房の鉄格子二本を、金ノコを使って切り、脱獄したのだ。支所から「死刑囚脱獄」の通報を受けた尾道署は、直ちに広島県警に連絡。県警は全県下に非常線を張った。独房の鉄格子が破られているのを当直看守が発見したのは、午後八時過ぎ。尾道署への通報はその十分後であった。Hは、脱獄すると大胆にも支所近くの民家に押し入り、家人を脅かして金品を強奪。続いて隣接の福山市入船町の会社員宅に侵入して、夫婦に「俺は死刑囚だ。カネを出せ」と菜っ切り包丁を突きつけて脅かし、金品を奪った。その際にHは、格闘した会社員を包丁で刺して二カ月半の重傷を負わせた。

Hは、脱獄後の二時間足らずに、尾道と福山で二件の強盗と強盗傷人を働いた。そして、会社員宅から逃げることもせずに居座り、翌朝九時ころ、家人の息子が着ていた大学生の制服を着て、堂々と玄関から逃走した。その態度は、まるで家人を訪ねた友人が家を出て行くという感じであったという。これでは「捕まえてくれ」といっているようなものだ。案の定、Hは会社員宅を出てから一〇分も経たないうちに、非常線にかかって逮捕された。

脱獄の動機について「刑務所の規律がやかましくて、逃げてやろうと思った」と語っている。Hが娑婆《しゃば》にいた時間は脱獄後、わずかに二十五時間たらず。その間に「強盗傷人、強盗、窃盗」の罪を犯し、再び刑務所に舞い戻ってしまった。身柄は尾道刑務支所から、遥かに警備が厳重な広島刑務所に移された。さて、その後のHの裁判だが、脱獄後の犯罪は「併合で十年」。死刑については広島高裁で「無期懲役」に減刑された。

Hは「懲役十年と無期懲役」の刑で、広島刑務所で服役することになった。二十八歳になっていたHが服役を始めたのは六十五年八月。当時、模範囚になれば「無期懲役刑」であっても十五年から二十年の服役で仮釈放された時代だ。先に「懲役刑」を終わらせ、無期刑を務めてから二〇年後には仮出所が許されたのではないか。二十八歳のHが広島刑務所を出たのは、五十歳のころと推察できる。

このような「死刑囚の脱獄」は、決して珍しいケースではない。

⑤岐阜刑務所（脱獄囚は故郷を目指す）

四十年前、岐阜刑務所（一九八四年に岐阜市則松《のりまつ》に移転）は岐阜市内の長良福光《ながらふくみつ》にあった。「鵜《う》飼い」で有名な長良川が近くを流れていた。「無期懲役囚」のK・Sが、ここを脱獄したのは一九八〇（昭和五十五）年七月一日であった。当時、Kは第四舎の独房に収容されていた。脱獄の様子を新聞から拾ってみる

独居房の視察孔（横四〇センチ、縦三〇センチ）の鉄格子をはずして抜け出し、無人の監視室を通りぬけたうえ、刑務所内の工場からハシゴを持ち出してへいを乗り越えたものとわかった。（岐阜日日新聞、一九八〇年七月十日）

静岡県清水市出身のKは、岐阜に移送になる前は千葉刑務所で服役していた。「無期懲役」の判決を受けた事件は、一九六八（昭和四十三）年六月二十九日に、清水市内で同市在住の当

時十八歳だったU子さんを「ナイフで殺害」したもの。Kは静岡地裁清水支部の判決で「無期刑」が確定し、千葉刑務所に送られた。服役してから五年後の一九七四（昭和四十九）年七月三日には「些細なことから同囚と口論をはじめ、激高して相手を作業で使うノミで殺害」。千葉地裁は、翌年六月十九日の判決で「無期懲役」を言い渡した。

Kは「無期二つ」を持つ重罪受刑者になってしまった。それからのKは、規則を無視し、刑務官に反抗したため、「不良囚」の烙印を押されて、千葉刑務所に収監されてから二カ月後に岐阜刑務所へ移送されてきたという経緯があった。脱獄したのは、移送されてから五年目の七月一日。全国指名手配されたKは、逃げまくった。足取りは岐阜から愛知、そして生まれ故郷の清水市に近い島田市にまで足を延ばしていた。移動は、トラックを乗り継いで荷台に身を潜めての逃避行であった。だが、逮捕は意外に早かった。脱獄から一昼夜半過ぎた三日の午後三時四〇分ころ、島田署の覆面パトカーが国道一号線走ってきたトラックを藤枝市内で停車させた。そして。荷台に隠れていたKを逮捕した。

通報者は島田市内の主婦で、「Kがトラックに乗るところを目撃していた」。逮捕後、静岡県警はKを簡単に取り調べたのち、新幹線で身柄を岐阜北署に護送した。逮捕されたときのKの年齢は三十五歳。「無期二つ」を持ち、加重逃走罪を併せて服役するKは、現在も則松の岐阜刑務所で服役しているのではないか。ちなみに同所には「ダッカ事件」のS・H（八一）が「無期懲役囚」として収容されていたが、二〇二〇年三月二十二日、心肺停止状態で市内の病院に搬送されるも、二十七日に死亡している。享年八三であった。

以上、五つのケースで「脱獄・脱走」事件を検証したが、「死刑囚・菊池正」の脱獄事件ほど世間を震撼させた事件はなかった。それから六十六年後（二〇一九年）の東京拘置所には「確定死刑囚」が五一人収容されているが、同所は二〇一三年七月に現在の高層（十二階・地下二階）施設に全面改築された。要塞となった同所から「脱獄」する死刑囚などいないであろう。脱獄を許してしまった施設は当時、獄舎が老朽化し警備保安システムも故障が多く、これらの事情が複合的に作用して脱獄を可能にしてしまったのだ。

「脱獄噺《ばなし》」になると、必ず語られる伝説の人物がいる。本書の主人公・白鳥由栄だ。本書で紹介したように、彼は完璧な方法で戦前、戦中、戦後に青森、秋田、網走、札幌と、四回の脱獄を完遂している。まさに超人だ。最後の脱獄については、札幌地裁で死刑判決を受けたのち、収監先の札幌刑務所を〝モグラの術〟で脱獄に成功。逮捕後、高裁で裁判が始まり、判決は無期懲役に減刑された。その後、身柄はＧＨＱ軍政部の命令で東京に移送された。白鳥は、府中刑務所で模範囚として務め、一九六一（昭和三十六）年に同所を仮出所した。晩年は生活保護を受けての暮らしであったが、一九七九（昭和五十一）年二月に病院で逝った。心筋梗塞であった。享年七一。

白鳥が札幌刑務所を脱獄したのは一九四七（昭和二十二）年三月。この時代、以下の施設でも脱獄事件が起きていた。

四六年十一月二十七日　姫路少年刑務所で被告人八人が逃走。逃走後張り込み中の警官を撲殺。三日後に全員市内で逮捕される。

四七年一月一日　千葉刑務所で過剰拘禁を不満とする受刑者十二名が看守を拉致し、房内に閉じ込めて集団逃走。

四七年一月八日　札幌刑務所から被告人三名が凶器（刃物）を持って看守を襲撃し、逃走するも、同日市内で全員逮捕さる。

四七年二月九日　大阪拘置所で強盗殺人容疑の被告人が、隠し持っていた拳銃で看守を撃ち、重傷を負わせて逃走するが、所内で制圧されて脱獄は未遂に終わる。

四七年七月五日　岩国少年刑務所で過剰拘禁の不満から受刑者十一名が集団逃走を計画して、実行するも、刑務所側は阻止のため拳銃を使用。受刑者一名死亡、二名重傷。未遂に終わる。

四七年九月六日　静岡刑務所では、処遇不満が原因で受刑者六三七名が騒乱状態になり、所長を暴行・脅迫・監禁して特定受刑者を釈放させ、隙をみて首謀者ら九名が脱獄逃走。

四八年一月二一日　鹿児島刑務所で受刑者六名が出刃包丁を持って保安課に乱入。看守に対して暴行を働いたため、拳銃で一名が射殺され、五人は投降する。

1948年当時の過剰拘禁時代の刑務所

主な事件だけでも、約二年で全国で七件も発生している。未遂の事件を含めると、この三年間で総計一三九七件の「脱獄・逃走」が起きていて、その数は二二七七人に達した。戦後の数年間は、まさに暴動、脱獄、脱走のラッシュであった。

これが、戦後混乱期の刑事施設の実態なのだ。原因は刑務所、拘置所の過剰拘禁と食糧難、そして職員の定員不足にあった。ちなみに改暦した平成一（一九八九）年から二〇一九年までの三〇年間の脱獄・逃走の件数は、一五件（一五人）に過ぎない。理由は「受刑者の食事、生活居室の改善等環境の整備と保安警備システムの改良」が挙げられる。

［参考資料］犯罪白書、矯正統計調査、矯正統計年報、北海道新聞、千葉日報、静岡新聞、岐阜日日新聞、神戸新聞、中國新聞、南日本新聞、毎日新聞

評伝社版のあとがき

エインズワースの長編小説〝ジャック・シェパード〟は、十八、九世紀の英国で国中を沸かせた。脱獄王ジャック・シェパードの伝奇として有名だ。一七〇二年ロンドン生まれのシェパードは在世中、四回の脱獄に成功し、最後は死刑の直前にロンドンのニューゲート重罪囚監獄を脱獄して、その名を一躍、有名にした。

しかし、逮捕され、タイバーンの刑場で二十二歳の若さで処刑された。〝脱獄〟の話になると、必ずといっていいほどシェパードの記録が引き合いに出され、オペラの世界でも「乞食オペラ」の主人公マックヒースがシェパードのモデルとして後年には登場している。

ジャック・シェパードに冠せられた異名は「脱獄の天才」であり「希代の脱獄魔」であった。白鳥由栄が最初に脱獄したのは二十八歳の時で、爾後《じご》、三回の脱獄に成功し、二十六年間の獄中生活で、娑婆に出たのは脱獄による三年余。晴れて仮出獄で社会に復帰した時は、五十四歳になっていた……。

勿論、ジャック・シェパードと比較するわけではないが、日本にも「希代の脱獄王」が存在し、晩年は多くの人たち（刑務官・保護司・保護観察所職員・弁護士・ボランティア等）の励ましと真心で人生の再生を果たし、七十一歳で鬼籍に入ったという事実があった。

筆者はこの「度外れた」境涯を過した主人公に関心を持ち、実像をルポルタージュできればと、軌跡を追いはじめた。

存命中に取材できたのが幸いした。主人公が自ら証言した自分史に、筆者は白鳥由栄の虚心坦懐な心を知った。

取材中、多くの方々に資料提供、アドバイスをいただき、お世話になりました。氏名を一覧で紹介できないのが残念ですが、あとがきを借りて衷心よりお礼を申し上げます。

又、本書の出版にあたり、遅筆の筆者をどやしつけ、励ましてくれた評伝社社長緒形隆司氏と編集部の池垣栄子さんに感謝いたします。

本書を白鳥由栄の霊に捧げる。　合掌

一九八六年一月

筆者しるす。

幻冬舎アウトロー文庫版のあとがき

本書を単行本で評伝社から上梓したのは今から十四年前の一九八五（昭和六十）年二月であった。そして今回、機会があり幻冬舎の「アウトロー文庫」に収録することになり、ひさしぶりに自著を読み返してみたが、十四年の歳月は本書を記述した時代がまるで在来線の車窓風景から新幹線の車窓風景に変わった如く、猛スピードで変化してきたことに、あらためて十四年の時間の流れに感慨を深くした。

また、世の中の変化は日常生活のスタイルを大きく変え、十四年前に予測はされていたものの、コンピュータ全盛の「電脳社会」がこれほど早く到来するとは、正に現代はイノベーションの時代になった。

変化といえば、犯罪は起きたその時代を投影する「二重鏡」と、よく言われるが十四年前の罪質と今日の罪質を比較してみれば「犯罪の技術革新」とでも言うべきなのか、銃犯罪や外国人犯罪が日常化し、また、ボーダレス犯罪が拡散しているのもコンピュータ社会を象徴している社会事象といえるのではないか。

それと、これこそ肝心なことなのだが本書の主人公「白鳥由栄」が長きに亘って生活してきた「刑務所」の世界も激変しており、例えば、一度新築すれば百年はもつという堅牢《けんろう》な刑務所の建物も、白鳥が収監された青森刑務所柳町支所、宮城刑務所、小菅刑務所（現・東京拘置所）、秋田刑務所、網走刑務所、札幌刑務所、府中刑務所は部分改築や全面改築で、その建物が一新された。

なかでも時代を象徴しているのが脱獄不可能といわれた網走刑務所の木造獄舎が、今日では日本で唯一の「監獄博物館」として網走市で保存公開され、白鳥が収容された監房が復元されているという事実。

著者は初めて、その監房を観たときの印象を今でも忘れることが出来ない。それは、懐かしさとでも言うべき気分であった。白鳥を追いつづけて三年余の時間をかけて彼に会ったとき、口癖に語っていたのが網走時代の生活であった。その言葉と監房が重なって懐かしさを覚えたのであろう。

白鳥由栄は百年後に現われた『希代の脱獄王』だったのか……。

本書は文庫化にあたり白鳥由栄の府中時代をもっともよく知る元刑務官の佐藤和友氏を再取材し、氏が看た「人間・白鳥」の一章を加筆して改訂新版として上梓しました。十四年ぶりに本書を世に出してくれた編集者の日野淳さんの熱意と旺盛な好奇心に心から感謝いたします。

白鳥さん、新しい読者に「人生、あきらめずに限界まで挑戦しろ」と、激励してやりませんか。

一九九九年六月　改訂新版発刊を記念して

著者しるす。

論創社版のあとがき

本書のオリジナル版は昭和六十（一九八五）年二月に評伝社から刊行した。タイトルは「脱獄王 白鳥由栄の証言」。残念ながら絶版になってしまったが、数年後に幻冬舎の編集者の目に留まり「アウトロー文庫」の一冊として出版することができて、爾来十一版を重ねた（読者が関心をもってくれたお陰だ）。そして今回、新たに三十六年ぶりに元版の復刊を「補遺を追加して」上梓することになった。

復刊を勧めてくれたのは論創社の編集者・谷川茂。彼から「論創ノンフィクション」の一冊として刊行したいとオファーがあったのは、二〇二〇年十月中旬。元版が復刻されるとは感無量の心地であった。

「アウトロー文庫」には記してなかった思い出がある。それは推薦文を書いてくれた故・本田靖春《やすはる》さんとの出会いである。版元から誰かに推薦文を書いてもらえませんかとの注文があり、私は、躊躇なく本田さんに連絡をとり、西武新宿線沿線の自宅を訪ねた。初対面である。

帯には「斎藤さんは、主人公のインタビューを含めた丹念な取材と豊富な資料を駆使して、〝脱獄の美学〟に迫る。より多くの時間と労力……。ノンフィクションに取り組むにあたって欠かせない困難な姿勢をストイックに守った（後略）」とあり、作品を賛辞してくれた。

本田さんは読売新聞記者から作家に転じられた同業の先輩だが、ご自宅を訪ねた際は初対面にも関わらず現役時代（一九七〇年）のニューヨークの話に花が咲いた。私は十六年後の一九八六年にニューヨークを取材で訪ねており、その時代のことを熱く語ったことを今で鮮明に覚えている。

本田さんは〝合いの手〟を入れて私の話に耳を傾けてくれた。そして激励してくれた「納豆のような粘り」。ノンフィクションを目指すなら「相手に断られて取材は始まる」至言であった。私は、今でも本田さんの至言を〝座右の銘〟として取材を続けノンフィクションを発表している。オリジナルを久しぶりに読み返してみた。その時代が蘇ってきた。なんと、無茶な取材を続けていたことか……。だが、取材のラストに本書の主人公・故白鳥由栄さんに出会い、彼から脱獄の実践論を聞かされたことが、本書をより説得力のあるノンフィクション作品として仕上がったと、自負している。

谷川との出会いは「メール一本」で決まった。〝斎藤さん、脱獄王を復刊しましょう〟。私も快諾した。本田さんが生きていれば今年八十九歳。私よりも八歳先輩の業界の先達だ。

推薦文をしみじみ読み返しながら「あとがき」を書いている。

二〇二二年十月

著者記す

斎藤充功（さいとう・みちのり）

1941年東京市生まれ。ノンフィクション作家。東北大学工学部中退。陸軍中野学校に関連する著者が8冊。共著を含めて50冊のノンフィクションを刊行。近著に『陸軍中野学校全史』（論創社）。現在も現役で取材現場を飛び回っている。

論創ノンフィクション032
日本の脱獄王　白鳥由栄の生涯

2023年2月1日　初版第1刷発行
2023年3月20日　初版第2刷発行

編著者　斎藤充功
発行者　森下紀夫
発行所　論創社
東京都千代田区神田神保町2-23　北井ビル
電話　03（3264）5254　振替口座　00160-1-155266

カバーデザイン　奥定泰之
組版・本文デザイン　アジュール
印刷・製本　精文堂印刷株式会社
編　集　谷川 茂

ISBN 978-4-8460-2180-1 C0036